Aufschrei eines Frontschweins

Hans Keusgen†

Aufschrei eines Frontschweins

Hans Keusgen †

Helmut Keusgen
gewidmet

Er wurde am 21. November 1943
als Angehöriger der 3. Batterie
der leichten Sturmgeschütz-Abteilung 912
bei Gostilizy, im Großraum Leningrad,
im "Oranienbaumer Kessel",
nachts, im unmittelbaren Frontbereich,
als Funker auf einem Panzer sitzend,
von einem Granatsplitter
in die linke Schläfe getroffen
und verblutete auf dem Weg ins Lazarett
– im Alter von 19 Jahren.

Hans Konrad Keusgen
...nach seiner militärischen Grund- und Spezialausbildung 1942 im Alter von 20 Jahren und 1987 als Werbeunternehmer im Alter von 65 Jahren:

„Wer von meiner Generation die Fronteinsätze überlebte, war nicht nur um seine Jugend betrogen worden, für den ging der Krieg auch niemals zu Ende – bis zum letzten Atemzug..."

Bei diesem Buch handelt es sich um eine überarbeitete Neuauflage des gleichnamigen Titels aus dem Jahr 2012.

Auf Wunsch des Autors obliegt diese Neuauflage mit ihrem Originaltext den Regeln der alten deutschen Rechtschreibung.

Ihre Zufriedenheit ist unser Ziel!

Liebe Leser, liebe Leserinnen,

zunächst möchten wir uns herzlich bei Ihnen dafür bedanken, dass Sie dieses Buch erworben haben. Wir sind ein kleines Familienunternehmen aus Duisburg und freuen uns riesig über jeden einzelnen Verkauf!

Mit unserem Label *EK-2 Militär* möchten wir militärische und militärgeschichtliche Themen sichtbarer machen und Leserinnen und Leser begeistern.

Vor allem aber möchten wir, dass jedes unserer Bücher **Ihnen ein einzigartiges und erfreuliches Leseerlebnis** bietet. Daher liegt uns Ihre Meinung ganz besonders am Herzen!

Wir freuen uns über Ihr Feedback zu unserem Buch. Haben Sie Anmerkungen? Kritik? Bitte lassen Sie es uns wissen. Ihre Rückmeldung ist wertvoll für uns, damit wir in Zukunft noch bessere Bücher für Sie machen können.

Schreiben Sie uns: info@ek2-publishing.com

Nun wünschen wir Ihnen ein angenehmes Leseerlebnis!

Jill & Heiko von EK-2 Publishing

Inhalt

Vorwort des Herausgebers zur Person des Autors
von Helmut Konrad von Keusgen

Was für katastrophale Schäden der Krieg in der Psyche der Menschen anrichtet und welche gräßlichen Traumata er bei den daran Beteiligten lebenslänglich hinterläßt, habe ich in den mehr als vierzig Jahren, in denen ich mich als Schriftsteller für Militärhistorie mit Weltgeschichte und genau eben jenen Menschen beschäftige, immer wieder auf höchst eindrucksvolle Weise beobachten können. Wie sehr sich das Erlebte einerseits auf den Charakter, andererseits auf das gesamte weitere Leben der Betroffenen auswirken kann, bleibt Außenstehenden meistens verborgen, und jeder dieser Veteranen geht auf seine ganz individuelle Weise damit um. Meine erste diesbezügliche Beobachtung machte ich bereits im zarten Alter von erst fünf Jahren, allerdings ohne begreifen zu können, warum das, was ich beobachtete, überhaupt geschah:

Im November 1953 sah ich aus dem Fenster und bemerkte, daß der erste Schnee fiel. Wie für alle kleinen Kinder war das natürlich auch für mich ein ganz besonderes Ereignis, von dem ich sofort alle anderen Familienmitglieder in Kenntnis setzen wollte. Aber wie ich feststellte, war außer mir zu dieser Zeit nur mein Vater in der Wohnung. Er war damals noch als Kunstmaler tätig. Ich fand ihn in seinem Atelier. Er stand völlig bewegungslos mitten vor dem großen Fenster, ungewöhnlich nah an der Gardine, und starrte hinaus.

Ich spürte, daß meine Anwesenheit irgendwie störte. Doch meine Aufregung betreffs des gerade beobachteten ersten Schneefalls trieb mich dennoch zu ihm hin, ich wollte es ihm doch so gern sagen. Wie ich jedoch sehen konnte, hatte er es ja nun schon selbst bemerkt. Der große Mann verhielt sich aber ganz sonderbar; er war so bewegungslos, so stumm, wie versteinert...

Da stand ich kleiner Mensch nun neben seinem linken Hosenbein und sah zu ihm auf und machte eine für mich völlig neue Entdeckung: Mein Vater weinte.

Ohne auch nur einen einzigen Laut von sich zu geben, ohne die geringste Bewegung, rannen ihm die Tränen über die Wagen, und er starrte aus dem Fenster, in die dicht fallenden, ersten Schneeflocken dieses Winters – und er nahm nicht die geringste Kenntnis von mir. Es erschien mir, als sei er eigentlich gar nicht wirklich anwesend.

Noch nie zuvor hatte ich einen erwachsenen Menschen weinen sehen. Ich wußte bis dahin gar nicht, daß Erwachsene so etwas auch tun, und von meinem großen, starken Vater hatte ich das am allerwenigsten erwartet.

Ich schwieg, weil das, was ich da gerade erlebte, so ungewöhnlich, so eindrucksvoll war. Irgendwann war ich dann ganz leise aus dem Raum gegangen, verstand nicht, was da mit meinem Vater geschehen war, was da in ihm vor sich ging – aber es mußte etwas Schreckliches sein.

Mich hatte dieses Erlebnis damals so sehr beeindruckt, daß ich mich noch heute ganz genau an diese Situation und die ganze damit zusammenhängende, ungewöhnliche Stimmung erinnern kann.

Achteinhalb Jahre waren seit dem Kriegsende schon (oder erst) vergangen, doch noch immer stiegen die Erinnerungen in meinem Vater und sicherlich auch noch in mehreren Millionen anderer ehemaliger Kriegsteilnehmer auf – unauslöschbar.

Als ich viele Jahre später meine Mutter (die, nachdem sie als junges Mädchen mit ihrer Familie in Hannover dreimal ausgebombt war, selbst unter einem schweren Kriegstrauma litt) einmal auf meine sonderbare Beobachtung als Fünfjähriger ansprach, sagte sie mir, daß mein Vater noch bis in die 60er Jahre an jedem ersten Tag eines jeden beginnenden Winters am Fenster gestanden und manchmal stundenlang in die langsam fallenden Schneeflocken gestarrt hatte.

Inzwischen hatte mein Vater längst ein eigenes Werbegeschäft gegründet, ein Spezialunternehmen für Großverlagswerbung, in dem auch ich seit 1965 tätig war. Bedingt durch unsere Arbeit fuhren mein Vater und ich oft gemeinsam mit dem Auto weite Strecken, da unser Tätigkeitsbereich ganz Norddeutschland umfaßte. So ergab es sich anläßlich dieser Touren, daß er mir immer wieder von seiner Militärzeit erzählte, Erlebnisse, die nur ganz allein ich zu hören bekam, weil er meine Mutter und niemand anderen damit nicht schockieren wollte. Es waren grauenhafte Erlebnisse. Im Laufe der Zeit verstand ich, daß er sie irgendwie loswerden wollte, seine Erinnerung entlasten, indem er alles aussprach, wieder und immer wieder, so wie es jeder Psychiater seinen Patienten rät.

Anläßlich einer dieser Touren kamen wir eines Tages auch auf sein Winter-Trauma zu sprechen. Er erklärte mir, daß ihm an jedem ersten Tag des Schneefalls, zu Beginn jedes Winters, viele Jahre lang, schreckliche Visionen befallen hatten, und vor seinen „inneren Augen“ dann wieder die unendliche, schneebedeckte Weite Russlands erschienen war; und er hatte immer wieder Tote gesehen, erfrorene Kameraden, die, vom Schnee bedeckt, noch immer hinter ihrem Maschinengewehr hockten oder in den Schützengräben lagen. Er hatte Arme und Beine gesehen, die aus dem Schnee ragten, und vermummte Gestalten, die durch die dicht herabrieselnden Schneeflocken dahin wankten.

Hans Konrad Keusgen, war am 5. Juni 1922 in Duisburg-Meiderich zur Welt gekommen und war, zusammen mit seinem zwei Jahre jüngeren Bruder Helmut, in einer harmonisch miteinander lebenden Familie aufgewachsen – ab 1935 in Hannover.

1942: Hans Keusgen (20, links) mit seinem Bruder Helmut (18) – Partnerlook, künstlerisch talentiert und dieselben Interessen.

Infolge seiner künstlerischen Begabung konnte mein Vater besonders gut malen und zeichnen (ein Talent, über das sein Bruder ebenfalls verfügte), aber er wurde in der Schule von einem dieser Berufsberater völlig falsch „beraten": „Du kannst gut zeichnen; du solltest Technischer Zeichner werden."

Doch dieses Berufsbild entspricht eher einem „Technischen Rechner", als einem Zeichner. Folglich war diese Arbeit für einen Künstler viel zu „steril" und entsprach absolut nicht seinen Idealvorstellungen.

Seine dreijährige Berufsausbildung als Technischer Zeichner absolvierte er beim hannoverschen Spezialunternehmen *Bode-Panzer Geld-*

schrankfabriken AG, erhielt 1939 seinen Facharbeiterbrief und wurde ab 1940 bei der *MNH* tätig, der *Maschinenfabrik Niedersachsen GmbH Hannover* – einem Rüstungsbetrieb. Da mein Vater nun als Technischer Zeichner unmittelbar an der Erstellung wehrtechnischen Geräts beteiligt war, galt für ihn die berufliche Unabkömmlichkeitsverfügung.

Nach Ausbruch des Zweiten Weltkrieges, im Herbst 1939, hatte sich bis 1942 die Versorgungslage in Deutschland deutlich verschlechtert. Inzwischen waren viele seiner Freunde zum Militär eingezogen worden, und immer wieder schrieben sie von glorreichem Heldentum und bester Versorgung, was die Propaganda-Wochenschauen in den Kinos auch noch bekräftigten. So meldete sich mein Vater, der mit seiner beruflichen Tätigkeit ohnehin nicht besonders glücklich war und der sich nach einer besseren Lebensmittelversorgung sehnte, im Alter von 20 Jahren im Frühjahr 1942 freiwillig zum Militär – und mußte dann im Mittelabschnitt der Ostfront einen unvorstellbaren Horror erleben…

Als mein Vater im Juni 1945 nach drei Jahren Militärzeit, während der er allein mehr als zwei Jahre an der russischen Front gelegen hatte, wieder nach Hause zurücckam, war er nach Aussagen seiner Eltern nicht mehr derselbe Mensch, der er zuvor gewesen war. Der zwar sensible und feinnervige, aber ständig zuversichtliche Junge, der er einst war, hatte sich zu einem harten, oft nachdenklich und in sich gekehrten Mann entwickelt, der seinen Glauben an ein Morgen verloren hatte – und den Glauben an die Menschheit. Hatten er und sein Bruder Helmut, der am 21. November 1943 im Nordabschnitt der Ostfront gefallen war, einst viele Freunde gehabt, so lebte mein Vater nun, abgesehen von seinem beruflichen Engagement, für den Rest seines Lebens zurückgezogen.

Ab Juli 1945 hatte für Hans Keusgen ein anderes Leben begonnen. In der amerikanischen Gefangenschaft, in die er nach seiner Flucht vor den Russen, nur noch 130 Kilometer von Hannover entfernt, freiwillig gegangen war, hatte er gegen gute Bezahlung Bilder gezeichnet. Die dort stationierten GIs hatten ihm Fotos ihrer Mädchen und Frauen gegeben, und er zeichnete sie ab – mit ihren richtigen Gesichtern, aber als nackte Pin-ups. Und da er auch noch Jazz-Musik spielen konnte, war er bei den Amerikanern besonders gut angesehen. So konnte er nach nur knapp zwei Monaten aus der Gefangenschaft mit einem entsprechend der Zeit und der Situation guten Startkapital für ein neues Leben nach Hannover zurücckehren – mit einer Aktentasche voller Zigaretten und US-Dollars.

In Hannover arbeitete er zunächst als recht erfolgreicher Kunstmaler und belieferte große Einrichtungshäuser wie *Defaka* und *Karstadt*, meldete dann aber 1952 ein Gewerbe an: *Atelier für Werbung und Plakatmalerei.*

Im selben Jahr kaufte er sich sein erstes Auto, einen Lloyd Alexander. Bereits ein Jahr später fuhr er einen großen Borgward und schnell immer größere Wagen. Ab 1961 waren es dann teure amerikanische „Straßenkreuzer", wie man die überdimensionalen Luxuswagen damals nannte (Neider sprachen oft abfällig von „Blechkisten", bedachten aber nicht, daß auch ihre Autos aus Blech waren – nur sehr viel dünnerem).

1958 eröffnete mein Vater in Hannover einen Jazz-Keller, einen der ersten in Deutschland. Meine Eltern, die, wie Millionen andere Deutsche auch, ihre Jugend im Krieg verloren hatten, wollten „nachholen" und lebten zu Zeiten des Kalten Krieges zwischen Ost und West infolge ihrer guten sozialen Verhältnisse nun den *American Way of Live* – und das in vollen Zügen. Mein Vater provozierte damit sein Umfeld ganz bewußt und stand mit seiner höchst unkonventionellen Lebensweise in schriller Opposition zur biederen deutschen Bürgerlichkeit. Er fiel mit seinem so demonstrativ zur Schau gestellten „Amerikanismus" deswegen allgemein besonders unangenehm auf, weil noch zu dieser Zeit und nach den schweren Abwehrkämpfen gegen die Amerikaner, ihren grausamen Kriegsgefangenenlagern für deutsche Soldaten und den schrecklichen Bombardierungen deutscher Städte unterschwellig noch immer eine antiamerikanische Stimmung herrschte. Der Groll saß noch lange tief und war vielen diesbezüglichen Aussagen unschwer zu entnehmen.

1961 kaufte mein Vater sich ein Grundstück in Florida, in der Nähe von Miami. Da sein rasch wachsendes Werbegeschäft ihm anfangs kaum Zeit für private Dinge ließ, kam er erst 1966 dazu, in die Vereinigten Staaten zu reisen. Er fuhr mit dem Luxus-Liner *United States* nach New York, das seine erste Station auf dem Weg nach Florida werden sollte. Von dort aus wollte er mit dem *Greyhound-Bus* nach Süden fahren und seinen großen Traum von Freiheit, Abenteuer und den so oft apostrophierten unbegrenzten Möglichkeiten genießen. Doch wie so oft im Leben, waren es auch in seinem Fall nur Kleinigkeiten, die bei ihm in den USA nachhaltige Enttäuschungen hervorriefen:

Im Hotel angekommen, legte er dem Zimmerservice seine Smokingjacke aufs Bett, weil während der Überfahrt und anläßlich des Kapitänsdinners, ein Knopf abgerissen war. Das Zimmermädchen nahm das Trinkgeld, aber nicht die Jacke, um den Knopf anzunähen.

Filmplakat von
Hans Keusgen 1946:
Marlene Dietrich – Idol der 40er
und 50er Jahre, besonders
in den USA.

1961: Im Alter von 39 Jahren mit seinem Chevrolet Bel Air, Werbeunternehmer und
Jazz-Musiker – ein Mann, der sein Leben auch leben wollte.

Als er dann mit einer Taxe in jenes berühmte New Yorker Stadtviertel fahren wollte, in dem einst der Jazz so wesentlich mitgeprägt worden war, stoppte trotz mehrmaliger Handzeichen keine einzige Taxe. Erst als ein Farbiger kam, der dafür einen *Quarter* (einen Vierteldollar) verlangte, hielt dieser augenblicklich eine Taxe an.

Nachdem mein Vater eingestiegen war und dem Taxifahrer sein Ziel nannte – Harlem –, warf ihn dieser wieder aus dem Auto.

Am nächsten Tag rief er mich aus Paris an: „Ich hab' Amerika schnell begriffen. Jetzt bin ich im Paradies. Bring bitte Deine Mutter zum Bahnhof, damit sie gleich herkommen kann!"

Mein resoluter Vater war nicht der Mensch, der sich lange irgendwelche größeren oder kleineren Schwierigkeiten mit ansah. In New York war sein Amerika-Traum wegen lächerlicher Bagatellen geplatzt. Lange hatte er gewartet, hatte grübelt, wie er diese Enttäuschung vor sich selbst wieder gutmachen konnte. Da er nun nie wieder in die USA fahren wollte, *schenkte* er dem Staat Florida das einstmals teuer gekaufte Grundstück zurück. Das war seine subtile Art von Revanchismus.

Als Hans Keusgen aus der Gefangenschaft gekommen und noch jung war, eckte er an, weil er anecken wollte, war der "klassische" Nonkonformist – und als er älter war, ein einsamer Mann, der ein einsamer Mann sein wollte. Außer seiner geschäftlichen Verbindungen und jener zu drei guten Bekannten, vermied mein Vater zeitlebens weitgehend den Kontakt zu anderen Menschen. Auch aus seinem Jazz-Keller zog er sich nach zwei Jahren wieder zurück. Seine geliebte Musik, die er bereits vor dem Krieg zusammen mit seinem Bruder und drei Freunden gespielt hatte, spielte er, von einigen kleinen Ausnahmen abgesehen, nun allein.

Mein Vater war ein Mann ohne Glauben. Er trat aus der Kirche aus, beteiligte sich nie wieder an Wahlen und wollte nichts mit Rechtsanwälten, Richtern und Ärzten zu tun haben, weil er niemandem und gar nichts mehr auf der Welt vertraute. Das Militär haßte er geradezu fanatisch. Dienstgrade und Auszeichnungen, Ehrungen und Urkunden, Pokale und Trophäen betrachtete er als bedeutungslos, ebenso das mir 1997 vom Deutschen Freiherrenorden als besondere Anerkennung meiner Arbeiten verliehene Prädikat. Für ihn fing die Menschenmasse bei drei Personen an, und er mied jegliche Festivitäten oder Veranstaltungen, weil dort viele Menschen zusammenkommen. Mit dieser Grundeinstellung tat er sich auch betreffs einer Expansion seines im Grunde höchst lukrativen Werbeunternehmens nur sehr schwer, weil er nicht noch mehr Mitarbeiter um sich haben wollte – was (auch) dazu führte, daß ich trotz unserer wirklich guten Beziehung diesen schwierigen Menschen und sein Geschäft 1980 verließ und von nun an meinen eigenen Weg ging.

Solange mein Vater noch lebte, war er innerlich, ganz tief in sich, das alte Frontschwein geblieben, hatte aber trotz guter Manieren und eines durchaus respektablen und höflichen Auftretens, den Krieg niemals wirklich loswerden können. Er war ein Mann mit einer brillanten Erinnerungsgabe – eine Fähigkeit, die sich betreffs des Krieges auf seine Psyche allerdings recht negativ auswirkte. Hatte er im Krieg ständig mit dem Tod gelebt – auch mit dem eines jederzeitigen Freitodes – so trug er sich auch weiterhin ständig mit dem Gedanken, eines Tages sein Leben selbst gewaltsam zu beenden. Er sagte mir einmal: „Im Krieg lernt man, daß es gut ist, wenn man immer noch eine geladene Pistole in der Tasche hat – für alle Fälle."

Er wollte niemals (Zitat) „so ein alter, seniler Knacker werden oder einer schweren, unheilbaren Krankheit verfallen, ganz besonders niemals einem Siechtum ausgeliefert sein müssen, niemals wehrlos sein."

In Wahrheit war seine Psyche bereits seit dem Krieg für einen Suizid determiniert.

Im Alter von 75 Jahren hatte mein Vater längst seine einzigen drei guten Bekannten überlebt, und trotz bester Gesundheit war er der Meinung, das (Zitat) „alles nicht mehr so gut geht, wie es ging, als ich noch jung war". Auch glaubte er, vom Leben nicht mehr viel erwarten zu können. Da besuchte er mich und sagte ganz sachlich: „Respektiere, daß ich nun bald gehen will. Ich habe lange genug gelebt, und ich werde den Krieg in diesem Leben nicht mehr los… Solltest du zufällig darauf zukommen, wenn ich gehen will, dann wende dich sofort wieder ab. Dieses ist der letzte Wunsch, den ich an dich richte."

Es war November…, und deshalb wußte ich, daß es nicht den geringsten Sinn hatte, zu versuchen, ihn von seinem Vorhaben abzubringen – und daß in Wahrheit der Kriegstod zum letzten Mal seine Hand nach ihm ausstreckte…

Ein paar Tage später schrieb er meiner Mutter einen kurzen, aber liebevollen Abschiedsbrief und nahm am Abend des 21. November 1997 – jenem ihm so verhaßten 21. November, an dem 1943 sein Bruder gefallen war – in seinen Geschäftsräumen, anstatt seine Pistole zu benutzen, sechzig Schlaftabletten. Meine Mutter, die aus Sorge nach ihm gesucht hatte, fand ihn. Er überlebte.

Noch fünf Jahre lang saß dann dieser große, im Grunde starke, alte Mann fast nur noch an seinem Klavier – noch mehr in sich gekehrt, als je zuvor. Als ich mich einmal zu ihm setzte, sagte er: „Damals, der schreckliche russische Winter mit seinem verdammten Schnee, das Töten und das Hungern und Frieren, das alles war schon schlimm, das Schlimmste aber, das mir in diesem Leben zugestoßen war, war der Verlust meines Bruders."

Jedes Mal, wenn er auf seinem weißen Marilyn-Monroe-Klavier das Hans-Albers-Lied *Goodbye Johnny* spielte, sang er leise, „...mach's mir nicht so schwer, ich muß weiter, immer weiter, meinem Glück hinterher. Bricht mir auch heut' das Herz entzwei, in hundert Jahren, Johnny, ist doch alles vorbei... Goodbye Johnny..., goodbye Johnny..., warst mein bester Freund..., eines Tages, eines Tages, sind wir wieder vereint", und immer versank er dann in tiefe Melancholie. Er war ein Mensch voller Träume, Sehnsüchte und innerer Zerrissenheit, der niemals richtig glücklich war. Er sehnte sich nach dem Tod, weil er sich danach sehnte, die Menschheit zu verlassen und seinen Bruder wiederzutreffen.

Hans Keusgen war ein Mann mit einer ganz eigenen Lebensphilosophie. Er liebte den Frieden, dennoch war er für den Rest seines Lebens jederzeit kampfbereit – auch gegenüber der Obrigkeit:

Im November 1959 hatte er sich beim Ordnungsamt zur Anlegung seines Wehrstammblattes einzufinden. Auf dem Formular stand *Der Wehrpflichtige Hans Keusgen (...)* Da es seit 1957 eine Bundeswehr gab, befürchtete er, nun nochmals zum Militär eingezogen zu werden. Er randalierte im Amt derart, daß meine Mutter Sorge hatte, daß mein Vater von der Polizei verhaftet werden könnte. Außerdem war er längst dem *Bund der Kriegsdienstverweigerer* beigetreten, dem einzigen "Verein", dem er in seinem Leben angehörte. Lachend sagte er oft: „Die einzige Armee, die ich auf dieser Welt akzeptiere, ist die Heilsarmee – nur machen ihre Kapellen immer so schreckliche Musik."

Wegen seines Werbegeschäfts war ich selbst unter Berufung auf den Unabkömmlichkeitsparagraphen schon drei Jahre zurückgestellt worden. Da erhielt mein Vater im Herbst 1968 wieder einmal ein von ihm auszufüllendes Antragsformular für meine weitere Zurücksetzung. Von den direktiven Formulierungen aufgebracht, erschien er ohne jede Ankündigung im Kreiswehrersatzamt und sorgte dort für einen höchst spektakulären Autritt – mit dem Wagenheber seines Ford Mustangs... Daraufhin erhielt ich meinen Einberufungsbescheid:

Sie haben sich am 8. April 1969 zur Ableistung Ihres Wehrdienstes bis 10:00 Uhr in der Scharnhorst-Kaserne in Hannover einzufinden.

Daß seine Wagenheber-Aktion für *ihn* keine weiteren negativen Folgen nach sich zog, lag sicherlich daran, daß der zuständige Sachbearbeiter, ein Major, einst selbst an der Ostfront gelegen hatte.

Die Respektlosigkeit meines Vaters gegenüber irgendwelcher Behörden, deren Mitarbeiter oder anderer Personen rechtfertigte er mit der im bitteren Unterton vorgebrachten brutal-vulgären Aussage: „Die müssen erstmal dahin riechen, wo ich schon hingeschissen habe."

Es gab vieles, an das sich mein Vater nach dem Krieg erst wieder hatte gewöhnen müssen. Das begann mit den zerstörten Städten (in seinem Fall Hannover, dessen Ruinen er oft malte) und der Tatsache, daß der Krieg, das Töten und die Flucht vor den Russen zu Ende waren, und daß man endlich wieder friedlich und ruhig schlafen konnte – ohne eine geladene Pistole bei sich zu tragen. Aber genau da begann schon sein erstes „Heimatproblem": Er war es nicht mehr gewohnt, in einem richtigen, weichen Bett zu schlafen. So legte er die ausgehängte Schlafzimmertür aufs Bett, um darauf zu ruhen. Es dauerte fast vier Wochen, bis er die Nächte endlich auf normalen Matratzen verbringen konnte.

Doch das waren nur „äußerliche" Probleme. Es gab da aber noch Dinge, die sich ganz tief in der Psyche meines Vaters manifestiert hatten. Doch nur wenige psychische Schwachstellen traten offensichtlich zutage. Da gab es seine ständige Kampfbereitschaft und noch einen anderen sonderbaren Komplex, den ich erst 1957 und im Alter von neun Jahren erstmals beobachten konnte (12 Jahre nach dem Krieg):

Es geschah eines Tages im Spätsommer. Kurz nach Mittag saß ich an meinem kleinen Schreibtisch am Fenster und erledigte meine Schulaufgaben. Als ich gerade einmal hinaus sah, geschah da etwas, daß mich im höchsten Maße befremdete. Über die Schulter rief ich meiner Mutter zu: „Papa wird gerade mit einem Polizeiauto gebracht!"

Ich stand auf und beugte mich aus dem Fenster. Ein Polizeibeamter stützte meinen humpelnden Vater, der aber ganz offensichtlich gar nicht gestützt werden wollte. Dann zog er sich mühsam am Treppengeländer bis zur ersten Etage hinauf, mit einem Arm den hilfsbereiten Polizeibeamten abwehrend. Einen Moment später lag er in unserem Flur. Er war nicht mehr in der Lage, noch einen einzigen Schritt zu tun. Er kroch bis zum Sofa, legte sich darauf und schlief, offensichtlich total erschöpft, sofort ein. Sein Trenchcoat war völlig verdreckt, von seinen

„Heimat" – Aquarell, Hans Keusgen 1945

Wildlederschuhen hatten sich die Sohlen gelöst, und sie waren innen völlig blutig.

Der Polizist erklärte uns, daß ihm nahe seines Reviers, zwischen Celle und Lüneburg, mehr als 110 Kilometer von uns zuhause entfernt, ein Mann aufgefallen war, der, offenbar völlig erschöpft, am Straßenrand entlang wankte.

Damals war ich noch zu jung, um den Hintergrund zu verstehen, für mich war nur wichtig, daß mein Vater wieder daheim war. Als meine Mutter in der Nacht aufgewacht war, hatte sie festgestellt, daß er sich gar nicht mehr in der Wohnung aufhielt. Er war, wie er mir später sagte, „wieder aufgewacht und vom unwiderstehlichen Zwang befallen, sofort loszumarschieren. Ich zog mich an und ging los – irgendwo hin. Man denkt dann nicht nach, man will nur gehen, fort, fort...“

13 Stunden später hatte ihn dann der Polizist angehalten und aufgefordert, in sein Auto einzusteigen, und ihm angeboten, ihn wieder nach Hause zurückzufahren.

Damals war mein Vater, der in Russland die weiten Rückzugbewegungen der 129. Division von insgesamt mehr als zweieinhalbtausend Kilometer mitgemacht hatte, diesbezüglich durchaus kein Einzelfall. Die Psychlogen sprachen vom sogenannten Rückmarschkomplex.

Hans Keusgen liebte die Tiere und verachtete die Menschen, weil die menschlichen Enttäuschungen im Krieg zu groß gewesen waren. Aber er wachte über seine Familie; niemand durfte einem von uns Leid antun.

Trübe Novembertage haßte dieser verbitterte Mann besonders, denn schließlich stand der für ihn immer wieder schreckliche Winter bevor, außerdem war sein Bruder im November gefallen. Wenn es überhaupt eine Angst gab, die sich diesem ”Einzelkämpfer” bemächtigen konnte, dann war es seine alljährliche Angst vor dem November. Dann reagierte er auf alles ganz besonders empfindlich.

An einem solchen trüben Sonntagnachmittag im November des Jahres 1961 hielt er mit seinem Chevrolet vor einer Gastwirtschaft, weil meine Mutter einen Brief in den an ihrer Außenwand hängenden Postkasten einwerfen wollte.

Sie stieg aus dem Auto und hinterließ, wie immer, eine betörende Chanel-Duftwolke. Mein Vater hörte laut Jazz-Musik und rauchte eine Zigarette; ich saß im breiten Fond des Wagens. Wir beobachteten, daß meine Mutter den Brief in den Kasten warf. In diesem Moment verließ ein Hüne von einem Mann die Kneipe. Er hatte einen höchst brutalen

Gesichtsausdruck und war offensichtlich angetrunken. Er sah meine Mutter, die sich soeben wieder von dem Haus abgewendet hatte, näherte sich ihr von hinten, umklammerte sie mit beiden Armen, preßte sie an sich und versuchte auf rabiate Weise, ihren Hals zu küssen.

Gelassen legte mein Vater seine glimmende Zigarette in den Aschenbecher, drehte die Musik leise und stieg aus dem großen Wagen. Dann öffnete er die riesige Heckklappe des Chevrolets und holte den großen Wagenheber heraus. Er ging ruhigen Schrittes in seinem fast knöchellangen, offenen Trenchcoat (den er oft trug) um den Riesen herum, der noch immer heftig an meiner Mutter zerrte, und schlug ihm unvermittelt den schweren Wagenheber mit voller Wucht in den Rücken. Der Mann brach augenblicklich zusammen.

Galant öffnete mein Vater seiner Frau danach die Autotür (was er grundsätzlich tat), befestigte den Wagenheber im Kofferraum, stieg ein, nahm seine Zigarette und drehte die Musik lauter. Als wir langsam davonrollten, sah ich mich zu dem großen Mann um. Er lag bewegungslos auf dem Gesicht. Mein Vater war gerade eben wieder im Krieg gewesen.

Erst viele Jahre später sprach ich ihn auf diesen Vorfall an, fragte ihn, ob er sich jemals Gedanken gemacht hätte, was wohl aus dem Kerl geworden war, den er einst mit seinem schweren Wagenheber so brutal gefällt hatte. Schlagartig wurde der Klang seiner Stimme hart. Mit grollendem Unterton sagte er halblaut: „Der Scheißtyp hatte meine Frau angegriffen..."

Zu Beginn der 60er Jahre wurde mein Vater wegen seines unkonventionellen öffentlichen Auftretens in unserem Stadtteil (Ricklingen) beargwöhnt, und der Neid vieler Nachbarn war unverhohlen. Eines Sonntags 1963 (im November!) wollte er in der *Zwetschgenklappe* (einer anderen Gastwirtschaft unseres Stadtviertels) Zigaretten kaufen, obwohl er das Betreten derartiger Lokalitäten eigentlich mied. Meine Mutter und ich saßen wieder in unserem großen Wagen und warteten.

Mein Vater ging die elf grauen Betonstufen zu der Gaststätte in der Hochparterre hinauf. (Erst später und rein zufällig erfuhr er, daß gerade an diesem Tag die hiesige Rugby-Mannschaft ein Spiel verloren hatte.) Man war dort oben also gerade dabei, seinen Frust zu ertränken – und genau da betrat dieser amerikanisierte, kapitalistische Werbeunternehmer die Kneipe... (Wie er mir erst viele Jahre später erzählte, hatten ihn die Rugby-Spieler dann angepöbelt und einer ihn am Kragen seines Trenchcoats gefaßt – für meinen Vater war das ein tätlicher Angriff...)

Meine Mutter und ich saßen im Auto und warteten… Plötzlich flog da oben die Kneipentür auf und einer der Rugby-Spieler hinaus. Er stürzte die steile Betontreppe herunter und blieb liegen. Nur Sekunden später flog der zweite hinterher. Erst nach dem dritten Spieler kam mein Vater in seinem langen Trenchcoat angeflogen. Als er auf den Anderen landete, hielt er noch immer eine hölzerne Stuhllehne mit zwei Beinen im Arm. Wie er dann erzählte, hatte man ihn nur überwältigen können, indem sich der Rest der Rugby-Mannschaft gleichzeitig auf ihn gestürzt hatte. Es war sein Glück, daß er auf den Rugby-Spielern, die vor ihm und durch seine Hand die Kneipe hatten verlassen müssen, relativ weich gelandet war, und sein Pech, daß man ihm da oben bei dem Handgemenge den kleinen Finger seiner linken Hand gebrochen hatte. Aber das stellte für ihn nur eine kurze, vorübergehende Beeinträchtigung dar, der er noch nicht einmal soviel Bedeutung beimaß, daß er deshalb einen Arzt aufgesucht hätte. Er bog den Finger wieder zurecht, und zuhause wickelte er dick Kreppband darum. Er lachte darüber und sagte: „Dafür bin ich völlig unversehrt aus dem Krieg zurückgekehrt."

Aber diese Aussage entsprach nicht wirklich den Tatsachen. Seine total von Läusen zerfressenen, von den Knien bis zu den Füßen großflächig weißvernarbten Schienbeine waren zwar die einzigen sichtbaren Narben, die er aus Rußland mitgebracht hatte, und körperliche Verwundungen waren ihm trotz seiner fast ständigen Fronteinsätze erstaunlicherweise erspart geblieben, jedoch hatte er dort eine nie heilende Wunde, wo niemand sie sehen konnte – und seine Verbitterung betreffs der Menschheit saß tief.

Im Jahr 1990, mein Vater war inzwischen 68 Jahre alt, überkletterten eines nachts zwei nicht deutschstämmige Männer, einer mit einem Messer bewaffnet, die hohe Mauer zu seinem Grundstück. Er bemerkte es, nahm seine Pistole, ging hinaus – und gebrauchte sie auch…

Als er nach nur wenigen Sekunden und ohne einen einzigen Schuß abgegeben zu haben, mit ihnen fertig war und er die Polizei gerufen hatte, mußten die Beamten, als sie bei ihm eingetroffen waren, für die beiden Einbrecher einen Rettungswagen kommen lassen.

(Ich möchte an dieser Stelle bemerken, daß mein Vater durchaus keine aggressive Schlägernatur war, sondern ein großzügiger und im Allgemeinen gutmütiger Mann, in dem lediglich schlagartig das alte Frontschwein erwachte, wenn er oder ein Mitglied seiner Familie angegriffen wurde. Ich führe diese Ereignisse hier an, um zu verdeutlichen, wie sehr der Krieg die Menschen geprägt hat. Er hatte an der Front gelernt, wie man sich erfolgreich zu verteidigen hat, folglich sich Gemütsbewegungen augenblicklich ins Gegensätzliche verkehren konnten.)

Hans Keusgen verstarb am 30. November 2002 im Alter von 80 Jahren. Als ich ihn eine Stunde vor seinem Tod zum letzten Mal sah, lag da im Krankenhaus ein Mann, den ich so nicht kannte, weil ich ihn niemals krank und ohne Bewußtsein hatte liegen sehen. Man hatte ihn tags zuvor an lebenserhaltende Geräte angeschlossen. Sowie ich davon erfahren hatte, ersuchte ich meine Mutter, diese sofort wieder abschalten zu lassen. Ich wollte nicht, daß er daliegt und sich vielleicht noch die letzten Stunden eines nach außen hin anteilnahmslosen Lebens in Gedanken oder Träumen mit seinem Maschinengewehr durch den russischen Winter und seine schrecklichen Erlebnisse quälen muß.

Kurze Zeit nach dem Tod meines Vaters bat mich meine Mutter, sie zu besuchen. Sie legte mir einen dicken, braunen, prall gefüllten und fest verklebten DIN-A4-Briefumschlag auf den Tisch: „Das soll ich dir nach Papas Tod von ihm aushändigen…"
Ich ahnte, was das Kuvert beinhaltete…
Dann sagte sie: „Weißt du eigentlich, wie sehr dein Vater sein ganzes Leben lang unter seinen Kriegserlebnissen gelitten hat?"
Das fragte *sie mich*, dem er doch, im Gegensatz zu ihr, seine schrecklichen Erlebnisse immer wieder erzählt hatte. Aber was hatte *sie* dann noch an ihm Schlimmes beobachtet, von dem ich gar nichts wußte?
Als ich dann in meinem Haus den Umschlag öffnete, übertraf das, was ich darin als letztes Vermächtnis meines Vaters fand, alle meine Erwartungen und Vorstellungen: Mehr als einhundert teils handgeschriebene, teils mit Schreibmaschine gefertigte Seiten seiner Erlebnisse an der Ostfront. Glaubte ich bisher, alle seine „Geschichten" und die ganze schreckliche Tragweite seiner Erlebnisse zu kennen, so irrte ich mich. Bereits eine nur flüchtige Durchsicht dieser Papiere ließ mich erschaudern. Eine derartige Grausamkeit hatte ich nicht erwartet.
Und noch etwas fand ich in dem Umschlag: Sieben kleine Ölgemälde, die er unmittelbar nach dem Krieg aus der Erinnerung angefertigt hatte. Sie stellten verschiedene Szenen dar, in einer Weise gemalt, wie es eindrucksvoller nicht mehr geht. Bemerkenswert ist auch die Wahl der Farben – vornehmlich dunkelrot… Diese Bilder waren gemalte Albträume. Was ich da in den Händen hielt, war ein gleichermaßen erschreckend düsteres wie schockierend realistisches Bild von der Ostfront und wie

sich der Krieg dort auf die Psyche der Menschen ausgewirkt hatte. Die meisten dieser Berichte und sechs Gemälde habe ich zu diesem Buch zusammengefaßt.

Mein Vater hatte seine jeweils in sich abgeschlossenen Episoden insgesamt zusammengefaßt unter dem Titel *Feldwebel Schraders Sauhaufen*. Doch einerseits war er mehrmals anderen Einheiten zugestellt worden, hatte folglich nicht nur in Feldwebel Schraders "Sauhaufen" gedient, andererseits habe ich inzwischen zehn Jahre lang darüber nachgedacht, ob ich diese Berichte überhaupt veröffentlichen soll oder nicht, und wenn ja, dann unter welchem Titel, denn schließlich entsprachen diese Darstellungen keiner trivialen Abenteuergeschichte, wie der ursprüngliche Titel assoziieren könnte. Auch konnte es nicht in seinem Interesse gelegen haben, die Wehrmacht als Sauhaufen zu pauschalisieren. Da alle diese furchtbaren Erlebnisse in unserer schnellebigen Zeit nicht einfach in der Vergangenheit versinken dürfen, außerdem der Zweck des Schreibens darin besteht, andere Menschen etwas „sehen" zu lassen, mit dem sie selbst nie konfrontiert wurden, habe ich mich entschlossen, dieses schreckliche Vermächtnis meines Vater stellvertretend für Millionen weiterer Traumatisierter zu publizieren. Wenn alles, was viele bedauernswerte Menschen damals Furchtbares erlebt haben, überhaupt noch einen Sinn haben könnte, kann es nur der sein, nachfolgende Generationen vor einem weiteren Krieg abzuschrecken.

54 Jahre lang hatte ich meinen Vater beobachten können, war berufsbedingt Tausende Stunden mit ihm zusammengewesen, hatte ihn gerade in den „gewissen Momenten" schärfer und kritischer beobachtet, und mußte immer wieder feststellen, daß alles, was er ganz allein für sich tat, in Wahrheit ein einziger zwar stummer aber schmerzlicher Aufschrei war – der endlose Aufschrei eines Frontschweins.

Die einzelnen Erzählungen, die nachfolgend beschrieben sind, behandeln jeweils in sich abgeschlossene, eigene kurze Episoden. Mein Vater hatte darauf verzichtet, exakte zeitliche Datierungen vorzunehmen und immer genaue Orte zu benennen. Seine Ausführungen sollten ja auch keine in sich geschlossene Soldatengeschichte sein, sondern nur kurze Schlaglichter, dumpfe Szenen, Momentaufnahmen des Grauens. Ich weiß anhand seiner eigenen Aussagen, daß ihm gar nicht immer genau bekannt war, wo er sich bei dem ständigen Hin und Her innerhalb dieser schier endlos anmutenden Weite des russischen Raums tatsächlich befunden hatte. Auch war es ihm wichtiger, die

Erlebnisse mitzuteilen, als militärische Abläufe und Zusammenhänge. Seine schriftlichen Darstellungen waren sicherlich auch gar nicht als solche gedacht, sondern sollten lediglich den Wahnsinn des Krieges anhand eines Einzelschicksals schildern – und das ist ihm höchst eindrucksvoll gelungen.

Wie schon sein Vater, verfügte auch er über die wunderbare Gabe, anschaulich zu erzählen und Ereignisse bis ins Detail plastisch zu beschreiben. Sein schnoddriger Landserjargon (der absolut nicht seiner üblichen Artikulation und Umgangsform entsprach!) verleiht seinen Berichten gewissermaßen eine lebendige Authentizität und läßt sie noch realistischer, noch brutaler erscheinen. Dennoch möchte ich feststellen, daß seine nachfolgenden Ausführungen lediglich seiner rein subjektiven Betrachtung entsprechen, resultierend aus seinen ganz persönlichen Strapazen und Enttäuschungen, auch, daß er nicht behaupten wollte, daß die Masse der Soldaten der Wehrmacht schlechte Charaktere waren. Wie ich selbst aus inzwischen vier Jahrzehnten der Zusammenarbeit im Zuge meiner Recherchen für meine eigenen Bücher betreffs des Zweiten Weltkriegs von sehr vielen internationalen Veteranen weiß, war die Wehrmacht im Allgemeinen eine äußerst disziplinierte und sehr gute Armee. Diese Aussage machte mein Vater mir gegenüber in seinem späteren Leben selbst mehrmals sehr nachdrücklich.

Da es in den Berichten meines Vaters keine klar erkennbare Chronologie gibt, habe ich sie lediglich in eine „gewisse Reihenfolge" gebracht, um somit eine ebenso „gewisse Ordnung" zu erzielen, lediglich eine jahreszeitliche Zuordnung, unabhängig des tatsächlichen Kalenderjahres und des tatsächlichen historischen Ablaufs. Die einzelnen Berichte stehen in fast allen Fällen real nicht in unmittelbarem Bezug zueinander. Auch könnte man meinen, daß der textliche Inhalt dieses Buches absolut nicht für sensible Gemüter geeignet ist, was ich auch gar nicht von der Hand weisen will; aber wenn diese sensiblen Gemüter schon das *Lesen* nicht ertragen, wie haben dann mein Vater und 18 Millionen weiter Soldaten das Kriegsgeschehen *real* ertragen können? Er war auch ein Mensch mit einer durchaus empfindsamen Künstler-Psyche – und genau deswegen war auch für ihn alles ganz besonders schrecklich.

Da mein Vater seinen Wehrpaß gleich nach dem Krieg verbrannt hatte, gab es für mich leider keinerlei Unterlagen mehr, die seinen militärischen Weg belegen konnten. Erst die Deutsche Dienststelle (Wehrmachtauskunftstelle) in Berlin und der Suchdienst des Deutschen Roten Kreuzes

(Divisionsschicksale) konnten mir auf meine diesbezügliche Anfrage hin seinen Weg durch drei Jahre Krieg exakt datiert und unter Angabe des Kampf- und Rückzugweges der jeweiligen Einheit belegen:

Am 1. Juli 1942 hatte Hans Konrad Keusgen im Alter von 20 Jahren seinen Militärdienst angetreten – in der 3. Schützen-Ersatz-Kompanie 588, wurde aber schon zwei Wochen später einer anderen Einheit zugestellt – der Panzerjäger-Kompanie Infanterie-Regiment 588. Seine Grundausbildung absolvierte er in der Prinz-Albrecht-Kaserne in Hannover-Bothfeld, dann erfolgte eine Verlegung an die nordfranzösische Kanalküste nach Étaples, zur Spezialausbildung mit Panzerabwehrkanonen.

Am 2. Dezember 1942 wurde die Einheit von einem Verladebahnhof im nordfranzösischen Abbeville in Viehwaggons an die Ostfront verlegt (Zitat: „Wir waren eben nur Schlachtvieh") und nach 22 Tagen im nördlichen Teil des Mittelabschnitts wieder ausgeladen – Zugehörigkeit zur 129. Infanterie-Division. Von dort aus wurde bei minus 30° Celsius bis zum Bestimmungsort zu Fuß weitermarschiert – am Heiligen Abend (siehe seine erste Episode mit dem Titel *Ein Fest des Friedens*).

Ab 28. Dezember 1942 erste Einsätze an der Front: Rückzugkämpfe.

Nach harten Winterkämpfen im Raum Olenin, im April verlustreiche Kämpfe im Raum Rshew-Subzow, und ab Mai Marsch in südliche Richtung über Sytschjewka und Roslawl, Kämpfe bei Bol Scheltuchi, dann ostwärts Brjansk. Im August im Raum Orel und nördlich Kursk schwere Abwehrkämpfe. Nachfolgend Rückzug über Ordschonikidsegrad, bei Propoisk über den Sosh zum Dnjepr bei Staryj Bychow, dann die Auflösung der Panzerjäger-Kompanie durch Feindeinwirkung.

Am 25. September 1943 erfolgte seine Zustellung zur Aufklärungs-Schwadron Füsilier-Bataillon 129 und schwere Abwehrkämpfe im Raum Newel-Gorodok, nördlich Witebsk, und sich bis Witebsk ziehend. Nach Versprengung ab 21. Oktober 1943 Zugehörigkeit zur 14. Kompanie, Grenadier-Regiment 588 (der 321. Infanterie-Division unterstellt). Dieses Regiment war ebenfalls in schwere Abwehrkämpfe im Raum Newel-Gorodok verwickelt.

Am 16. Dezember 1943 nach einer weiteren Versprengung Zustellung zur Radfahr-Schwadron 129.

Von Januar bis Juni 1944 Truppenauffrischung dieser Einheit und Ausbau von Abwehrstellungen im Raum Bobruisk an der Beresina.

Wegen Erfrierungen an Beinen und Füßen und einer akuten Ruhrerkrankung von Anfang Februar bis Ende April Lazarett-Aufenthalt im polnischen Wilna.

Am 6. Mai 1944 erfolgte die Zustellung zur 4. Kompanie, Feld-Ersatz-Bataillon 129. Im Juni und Juli während anhaltend schwerer Rückzugkämpfe Marsch von der Beresina durch das Sumpfgebiet des Pripjet nach Pinsk. Erkrankung am Wolhynischen Fieber.

Am 1. Juli 1944 nach Versprengung Zustellung zum Stab, II. Bataillon, Grenadier-Regiment 428. Im Juli schwere Abwehrkämpfe bei Baranowitschi, verbunden mit dem weiteren Rückzug bis September über Brest, Domanowo, Kartuzk, Bereza, Kobryn, Kamienka, Bialystok, Zambrow nach Lomza am Narew.

Ab 20. November Zugehörigkeit zur 1. Radfahr-Schwadron, Füsilier-Bataillon 129 (wieder Unterstellung der 129. Infanterie-Division).

Im Januar 1945 Abwehrkämpfe am Narew nördlich Ostrolenka, weiterer Rückzug in nördliche Richtung und schwere Abwehrkämpfe im Brükkenkopf Rozan. Bis Ende Februar Fortsetzung des Rückmarsches über Zichenau nach Ostpreußen und Rückzugkämpfe bei Allenstein, Heilsberg und Mehlsack bis Königsberg.

Hans Keusgen war Ende Januar 1945 noch einmal an der Ruhr erkrankt, hatte zunehmende Erfrierungen an Beinen und Füßen und sich infolgedessen noch während der starken Kampfhandlungen im Raum südlich Königsberg als erkrankt offiziell bei seiner Einheit abgemeldet. Daraufhin suchte er ein Lazarett in Königsberg auf, in das er aufgenommen wurde. Seine Abmeldung muß jedoch in dem entstandenen allgemeinen Durcheinander des Rückzugs und der damit verbundenen Kampfhandlungen verlorengegangen sein, denn bereits am 1. Februar erfolgte bei Liewenberg seine Vermißtenmeldung, von der auch seine Familie durch einen Bataillonsadjutanten schriftlich informiert wurde.

Da das Lazarett aber infolge der anhaltend schweren Kampfhandlungen schon nach kurzer Zeit völlig überfüllt war und jeder Platz für noch schwerere Fälle benötigt wurde, händigte man ihm eine Verwundetenkarte aus und entließ ihn mit dem Hinweis auf Lazarett-Schiffe, die Verwundete aus dem ostpreußischen Kessel abtransportieren würden…

Im Felde,den 2o.2.1945.

        Sehr geehrter Herr Keusgen !

        Nach dem Heldentod des Schwadronsführers obliegt mir
die harte Pflicht,Ihnen mitzuteilen,daß Ihr Sohn,der Gefreite
~~Konrad~~ Keusgen,seit 1.2.45 bei Liewenberg,1o km südwestlich Heilsberg in Ostpreußen vermißt wird.
        Gefreiter Keusgen ist bei den Absetzbewegungen von
der Einheit abgekommen und hat sich bis heute nicht bei der Truppe
eingefunden.
        Ich bedauere,Ihnen über das Schicksal Ihres Sohnes
keine näheren Mitteilungen machen zu können.
        Sollten Sie noch Nachrichten aus einer späteren
Zeit erhalten haben,bittet Sie die Einheit auch hierher zu berichten.
        Mit der Hoffnung,daß ~~sich~~ noch eine Meldung Ihres
Sohnes eintreffen wird,grüsse ich als Ihr

                        Oberleutnant und Btl.Adj.

        F e l d p o s t

        Herrn

        Konrad K e u s g e n

        2o Hannover - Rickl.
        Nordfeldstr.24

Dienststelle 34483 B

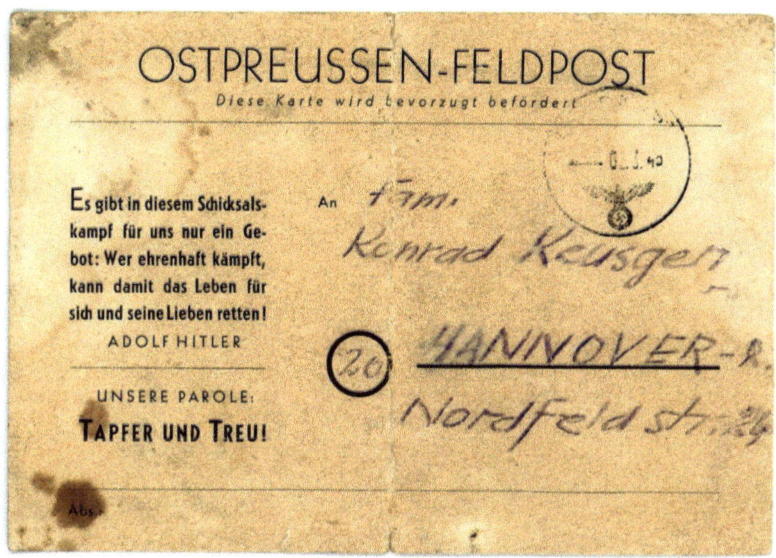

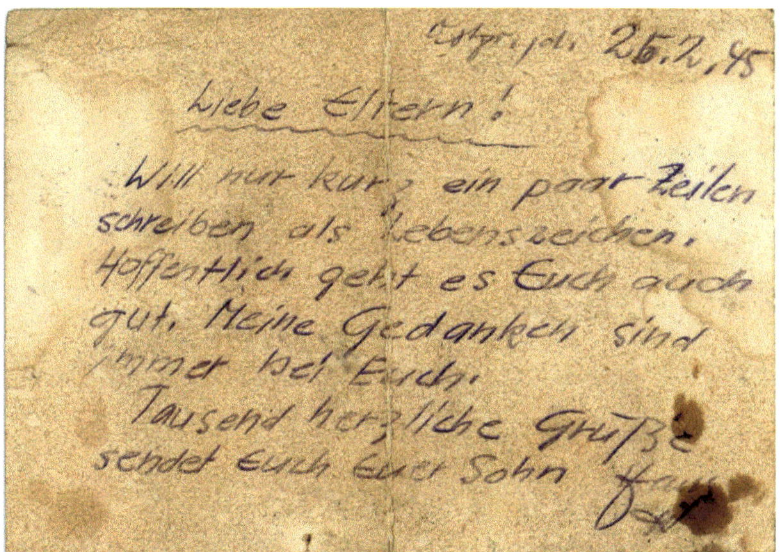

Linke Seite: Vermißtenmeldung vom 20. Februar 1945 aus Ostpreußen, die nach dem Tod ihres ersten Sohnes Helmut bei den Eltern größte Betroffenheit auslöste. Abbildungen oben: Ein paar Tage später traf diese Feldpostkarte vom 25. Februar ein, auf der Sohn Hans seinen Eltern aus Ostpreußen (siehe Absender) flüchtig sein Wohlbefinden mitteilt – völlig konträr zu seiner tatsächlichen gesundheitlichen Verfassung, aber gut für seine Eltern.

OSTEN, den 21.6.43

Liebe Eltern!

Eben erhielt ich Mutters Brief vom 10.6. Es freut mich, das es Euch gut geht, und das M[...] Hoffentlich klappt [...] doch noch.

Mir gehts [...] weiß ja auch nic[...] hätte ich ein B[...] das geht vorüb[...] Mein Kamerad [...] blöde. Jetzt [...] Knüppel [...] Sonst machen [...] mit Humor. Von Eurem Soldaten Han[...]

Seht Ihr Euch an [...]

Heute hab[...] Herzlichen [...] Nun habt [...] 2 liebe Mädchen ü[...] das es mit seinem [...] beim Kommiss [...] Vielleicht kommt [...] auch schwer wan[...] Aber wir haben nu[...] viel Zeit habe, [...]

Liebe Eltern!

Im Paradies den 30.5.43

Wir haben augenblicklich schöne Musik. Man sollte es ja nicht glauben, aber es ist tatsächlich an dem. Ein Kamerad von uns hat ein großes Schifferklavier mit tho Bässen. So eins wie Heinz Hansen hat. Soeben hat er gerade den Foxtrott "komm zurück" gespielt. Mir fehlt nur ein Schlagzeug. Ihr seht also, das ich immer da bin, wo was los ist. Wenn nicht die vielen Mücken wären, dann könnte man glauben, man wäre gar nicht in Rußland. Die Musik erinnert so an schöne Zeiten. Doch es sind viele Tage vergangen. Bald bin ich auch schon ein Jahr Soldat. (Ein verlorenes Jahr in unserer Jugend) Doch ich will nicht weiter hierüber nachdenken. Mein Kamerad spielt auch gerade...

Als genau zu dieser Zeit, Anfang März 1945, die zu stark dezimierte 129. Infanterie-Division aufgelöst und die Reste auf andere in diesen Küstenabschnitt zurückgedrängte Einheiten der 4. Armee verteilt wurden, die Sowjetarmee den Kessel immer mehr eindrückte und der endgültige Zusammenbruch unmittelbar bevorstand, mein Vater außerdem offiziell als verwundet beziehungsweise als krank und derzeit als nicht einsatzfähig galt (was er ja tatsächlich war) und sich ohnehin schon in der Nähe der (wegen der Häfen) vermeintlich rettenden Ostseeküste befand, meldete er sich nicht mehr bei der neuen Einheit, sondern schlug sich bis Pillau an der Küste durch. Dabei war ihm die Verwundentenkarte sehr hilfreich. Dort gelang es ihm Mitte April auf das Lazarettschiff *Würzburg* zu kommen. Über Rügen erreichte er Travemünde in Holstein. In Höhe Geesthacht fand er endlich eine Fähre, die ihn über die Elbe setzte.

Bei Wittenberge stieß er auf seinem Weg nach Hannover auf etliche deutsche Versorgungslastwagen der Luftwaffe, die völlig verlassen auf einer großen Wiese standen. Dort fand er Gelegenheit, sich zu waschen und zu rasieren, dann tauschte er seine völlig verdreckte Gefreitenuniform gegen eine neue der Luftwaffe, die er mit vielen anderen noch originalverpackten auf einem der Wagen gefunden hatte. Kurz darauf entdeckte er einen Lastwagen voller Spirituosen. In diesem Moment erschien ein farbiger Sergeant – der sich dann von dem ganz offensichtlich unbewaffneten deutschen „Offizier" zu einem großen Glas Cognac einladen ließ…

Eine halbe Stunde später, und nach mehreren Cognacs, gingen ein Unteroffizier der 82. US-Luftlandedivision und ein erst 23-jähriger deutscher Luftwaffen-Hauptmann singend und Arm in Arm in ein nahegelegenes amerikanisches Kriegsgefangenenlager, eine Streichholzfabrik bei Lauenburg, nahe der Elbe, und sie sangen *It's a long way to Tipparary*. Aber bis zu diesem für ihn (Zitat) „schönsten Augenblick meiner gesamten Militärzeit" hatte der deutsche Soldat erst zweieinhalb Jahre lang durch die Hölle der Ostfront gehen müssen…

Zur Geschichte des deutschen Ost-Feldzugs von 1941 bis 1945

von Dr. Bernhard Schöning

Der Ost-Feldzug galt historisch – wie auch die anderen Feldzüge Deutschlands im Zweiten Weltkrieg – als Angriffskrieg. Doch der erste diesbezügliche Einwand fand sich in den Memoiren des Generalobersten Hausser Mitte der 50er Jahre, der bei seinem Vormarsch in den Generalstabskommandos des Gegners Karten deutscher Ostgebiete fand, in denen die Marschziele der Sowjetarmee mit Datumsangaben des Jahres 1941 zu finden waren.

Ernste Zweifel an der gängigen Vorstellung brachten die Enthüllungen des zum Westen übergelaufenen Obersten im Generalstab Victor Suworov zu Beginn der 1980er Jahre. Demzufolge fand der deutsche Angriff etwa drei Wochen vor dem geplanten sowjetischen Angriff statt. Der deutsche Ost-Feldzug wäre somit ein Präventivbeziehungsweise ein Verteidigungsangriff gewesen. Doch diese Sachlage ist bis heute historisch umstritten. Tatsache aber bleiben die Leiden der betroffenen Menschen, von denen dieses Buch handelt.

Nach dem Vietnam-Krieg, in dem bei der US-Truppe erhebliche Disziplinarvergehen registriert wurden, fragte man sich im US-Generalstab, wieso die deutsche Truppe im Zweiten Weltkrieg praktisch bis zum 8. Mai 1945 „treu zur Fahne" gestanden hatte, obwohl den oberen Stäben wie dem gemeinen Mann die Aussichtslosigkeit des eigenen Kriegsverlaufs bekannt gewesen sein mußte…

Mit der Aufklärung dieser Frage wurde ein Militärhistoriker der US Army beauftragt, außerdem der israelische Militärhistoriker Professor Martin van Creveld. Sie veröffentlichten ihre Gutachten später in Buchform. Das Urteil beider Historiker lautete übereinstimmend: *Die Wehrmacht war zu ihrer Zeit die beste Armee der Welt.*

(Der 18-millionste Teil dieser Wehrmacht war Hans Keusgen. Unter diesem historischen Gesichtspunkt van Crevelds werden seine Ausdauer und unglaubliche Kampfkraft, ja sein Überleben, erst verständlich.)

Ein Beispiel für die Leistungsfähigkeit dieser Armee: Der (erste) Angriffsbefehl für den Polen-Feldzug erfolgte am 25. August 1939. Doch Hitler widerrief diesen Befehl noch am selben Abend. Nur acht Stunden nach ihrem Rückruf waren die Angriffstruppen wieder in ihre Bereitschaftsräume in Ostpreußen, Posen und Schlesien zurückgekehrt, und zwar, ohne einen einzigen Schuß abgegeben zu haben. Als das im englischen Generalstab bekannt wurde, erbleichte man, denn zu einer derartigen logistischen Leistung war die eigene Truppe nicht imstande.

Die Reichswehr hatte zwischen 1919 und 1935 die militärische Konsequenz aus dem verlorenen Ersten Weltkrieg (einem *Abnutzungskrieg*) gezogen und die Theorie des Blitzkriegs erarbeitet: Schwerpunktbildung, und dann mit der geballten Kraft von Artillerie, Luftwaffe, Panzern und der Infanterie vorstoßen, um den Schwerpunkt des Feindes zu vernichten. Die Wehrmacht hatte diese Kriegstheorie ohne Abstriche erfolgreich übernommen und somit Kriegsgeschichte geschrieben. Entsprechend gut entwickelte sich auch der Ost-Feldzug, und zwar so planmäßig, daß die Wetten im englischen Generalstab bis Oktober 1939 10:1 für die deutsche Armee standen, daß sie noch vor Beginn des Winters Moskau erobern würde.

Es gab drei Schwerpunkte: Leningrad, Moskau, Rostow. Der deutsche Generalstab votierte militärisch für Moskau. Die logische Bewertung lautete: *Ist die Zentrale ausgeschaltet, bricht Sowjetrußland zusammen.* Hitler votierte ideologisch für alle drei Schwerpunkte. Eine diesbezügliche Einigung wurde vor dem 22. Juni 1941 nicht erzielt. Die Truppe stand etwa 150 Kilometer vor Moskau, als Hitler einwarf, man müsse vorher den großen sowjetischen Armeeverband südlich des Mittelabschnitts ausschalten. Der Generalstab tat dem Diktator den Gefallen einer neuen Kesselschlacht, und wir sahen als junge Zeitzeugen in der Wochenschau die abgerissenen Gestalten der 600.000 Gefangenen, die als asiatische Untermenschen dargestellt wurden. (Diese Bilder nahmen die US-Wochenschauen nach dem Krieg vorweg, die die Gefangenenzüge deutscher Soldaten abbildeten: Die gleichen, durch den Kampf abgerissenen Uniformen, die gleichen unrasierten Gesichter und das gleiche mangelhafte Schuhwerk.)

Dann kam der Führerbefehl, auf Moskau vorzustoßen. Die Panzer hatten seit dem 22. Juni eintausend Kilometer hinter sich. Ausfälle und Materialverschleiß waren entsprechend groß. Doch nun traten zusätzlich noch zwei klimatisch bedingte Ereignisse auf, die man seinerzeit in den Medien beschönigend als *General Schlamm* und *General Winter* bezeichnete. Ihre Auswirkungen: Die deutsche Offensive blieb etwa zwanzig Kilometer vor Moskau stecken. Die Truppe war zu erschöpft und konnte ihre Waffen nicht mehr bedienen, da Fett und Öl in der extremen Kälte gefroren waren.

Von nun an „war der Ofen aus", wie man im Landserjargon sagte; das heißt, die Zeit des Blitzkriegs war vorbei, und die Zeit des Abnutzungskriegs begann. Dieser war, wie der Erste Weltkrieg gezeigt hatte, von Deutschland nicht zu gewinnen, da es an Ressourcen bei Mensch und Material mangelte. Es war das Verhängnis unserer Geschichte, daß Hitler diese Niederlage nicht einsehen wollte, sondern seinem Volk den Krieg noch weitere dreieinhalb Jahre zumutete.

Der Ost-Feldzug, in den Hans Keusgen als Kriegsfreiwilliger ab 1942 geworfen wurde, war zu diesem Zeitpunkt nichts anderes mehr als ein permanenter und großräumiger Rückzug, der sich in einem weiten Halbkreis westlich vor Woronesch herum bewegte, das man wegen der GeStaPo nur flüsternd *Blutmühle* nannte, weil die enormen Menschenverluste an die Schlacht von Verdun 1916 erinnerten.

Seine Individualität war Hans Keusgen wichtig (wie man schon an seiner „individuellen" Schirmmütze erkennen kann): „Wer sich erfolgreich verteidigen will, muß kompromißlos sein. Man ist erst besiegt, wenn man sich selbst aufgegeben hat."

Die unendliche Weite Russlands...
gleichermaßen romantisch wie bedrückend
und im Winter höllisch.

In die Hölle verdammt...

Erlebnisberichte
des ehemaligen Ostfront-Soldaten
Hans Keusgen
während der Rückzugkämpfe
1942 bis 1945

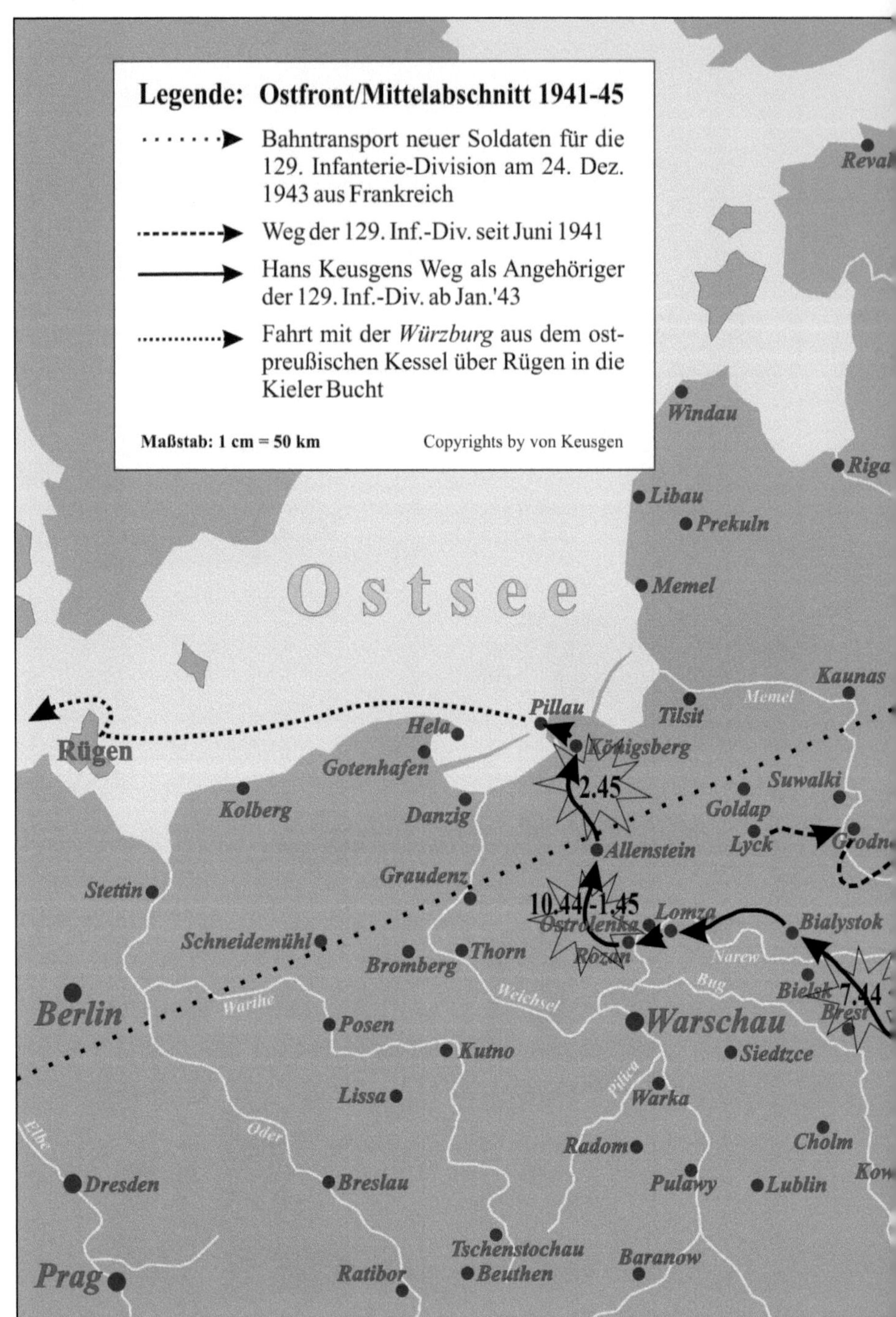

Legende: Ostfront/Mittelabschnitt 1941-45

Bahntransport neuer Soldaten für die 129. Infanterie-Division am 24. Dez. 1943 aus Frankreich

Weg der 129. Inf.-Div. seit Juni 1941

Hans Keusgens Weg als Angehöriger der 129. Inf.-Div. ab Jan.'43

Fahrt mit der Würzburg aus dem ostpreußischen Kessel über Rügen in die Kieler Bucht

Maßstab: 1 cm = 50 km

Copyrights by von Keusgen

Reval
Windau
Libau
Prekuln
Riga
Memel
Ostsee
Kaunas
Pillau
Tilsit
Memel
Hela
Königsberg
Suwalki
Rügen
Gotenhafen
2.45
Goldap
Lyck
Grodno
Kolberg
Danzig
Allenstein
Graudenz
10.44-1.45
Lomza
Bialystok
Stettin
Ostrolenka
Narew
Schneidemühl
Thorn
Rozan
Bug
Bielsk
7.44
Bromberg
Weichsel
Brest
Berlin
Warthe
Posen
Warschau
Kutno
Siedtzce
Lissa
Pilica
Warka
Oder
Radom
Cholm
Elbe
Dresden
Breslau
Pulawy
Lublin
Kow
Tschenstochau
Baranow
Prag
Ratibor
Beuthen

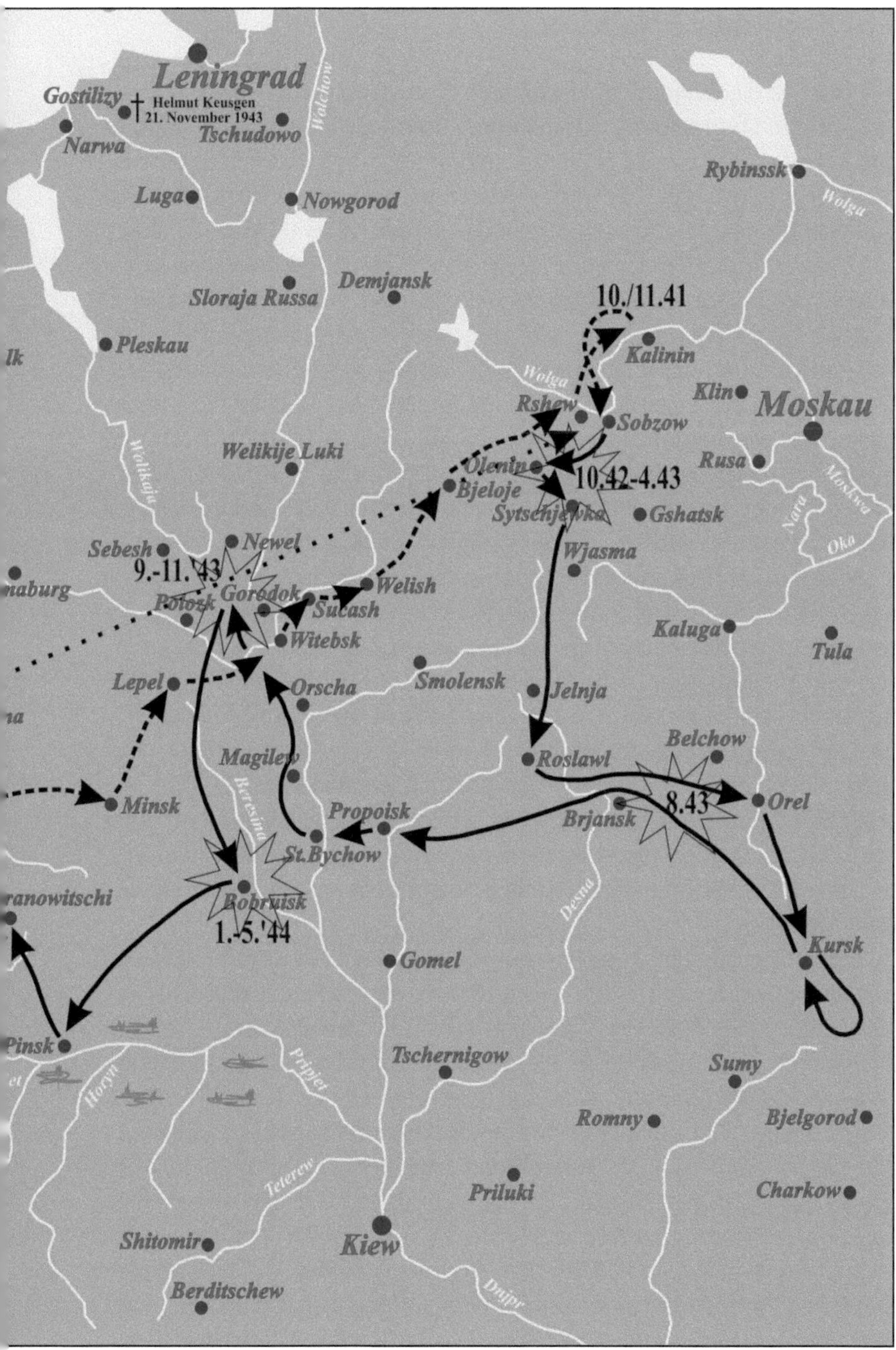

Leningrad
Gostilizy
† Helmut Keusgen
21. November 1943
Narwa
Tschudowo
Rybinssk
Luga
Nowgorod
Demjansk
Sloraja Russa
10./11.41
Pleskau
Kalinin
Klin
Moskau
Rshew
Sobzow
Welikije Luki
Olenin
Rusa
Bjeloje
10.42-4.43
Sytschjewka
Gshatsk
Sebesh
Newel
Wjasma
9.-11.43
Goredok
Welish
naburg
Polozk
Sucash
Kaluga
Witebsk
Tula
Lepel
Orscha
Smolensk
na
Jelnja
Magilew
Belchow
Beresina
Roslawl
Minsk
Propoisk
Brjansk
8.43
Orel
St.Bychow
ranowitschi
Bobruisk
1.-5.'44
Kursk
Gomel
Pinsk
Tschernigow
Sumy
Horyn
Pripjet
Romny
Bjelgorod
Teterew
Priluki
Charkow
Shitomir
Kiew
Berditschew
Dnjpr
Wolga
Wolga
Wolchow
Wolchow
Welikaja
Desna
Nara
Oka
Moskwa

Ein Fest des Friedens

Trostlos die Gegend, trostlos meine Gedanken. Ich gehe auf und ab, habe Mühe, überhaupt zu gehen in dem hohen Schnee. Überall der Müll des Krieges – verbrannte Hütten, zerstörte Fahrzeuge, zerfetzte Bäume.

In der Nacht hatte es wieder geschneit. An den Füßen noch die Schuhe, die gar nicht für den russischen Winter geeignet sind. Ich stehe auf Posten. Es ist Nachmittag. Bleigrauer Himmel. Ich bewache unser Quartier, in das wir heute Mittag eingezogen sind, nachdem wir zweiundzwanzig lange Tage in engen Viehwaggons unterwegs waren.

Heute Morgen waren wir ausgeladen worden und hatten unsere ersten Gehversuche auf russischem Boden unternommen. Das fiel nicht leicht. Einige von uns waren schon einmal hier gewesen, waren aber nach Verwundungen nach Frankreich gekommen. Dort hatte man sie zu Ausbildern gemacht, und sie hatten uns immer wieder von den unendlichen Weiten Russlands erzählt – mit so einem seltsamen Unterton…

Nun sind wir gemeinsam mit ihnen in diese furchtbare, trostlose Weite geschickt worden. Besonders schrecklich wegen der eintönigen, endlosen weißen Schneefläche, in die sich gelegentlich – wir sahen es schon von den Viehwaggons aus – kleine schmutzige Dörfer an den kargen Boden drücken, mit kleinen, elend wirkenden Hütten. Frankreich ist Gold dagegen. Der Gestank in diesen Hütten ist unerträglich, und man fragt sich, wie Menschen so etwas überhaupt aushalten können. Das war erst heute Morgen, beim Betreten der ersten dieser Russenhütten. Aber schnell haben wir es vorgezogen, lieber in diesen stinkenden Hütten zu hocken, als in der grausamen Kälte zu stehen, denn hier herrschen fast 30° minus.

Ich muß mich ständig bewegen, wenn ich nicht hundsgemein frieren will, besonders an den Füßen. Eine Schweinerei, wie schlecht man uns hier versorgt. Es heißt, daß der ganze Troß unserer Division erst noch nachkommt. Das Schlimmste ist, daß sich beim Troß auch die Feldküchen und Versorgungseinheiten befinden und wir somit noch nichts zu essen haben. Vier Scheiben trockenes Knäckebrot gab es bisher für den ganzen Tag, dazu für jeden Mann zwei Becher Spitzbohnenkaffee mit Süßstoff – ab hier Vergangenheit, und das am Heiligen Abend. Eine bessere Bescherung habt ihr wohl nicht für uns, daß ihr uns hier ausgerechnet heute ausladen mußtet, hier, am Arsch der Welt, wo im wahrsten Sinne des Wortes der Hund verfroren ist, und uns zum Lohn dafür noch dem Hungertod preisgebt. Verfluchter Sau-Barras! Dabei lagen wir bis vor drei Wochen in einem gemütlichen Château bei Calais und hatten noch keinen Gedanken an Schnee. Himmel, wie lange ist das eigentlich her? Ewigkeiten.

Teuflisch war die Fahrt in den Viehwaggons gewesen – zweiundzwanzig verdammt lange Tage als zivilisierter Mensch mit weiteren neununddreißig in einem stinkenden, zugigen Viehwaggon. Anfangs war es noch romantisch, und wir ließen während der Fahrt die Beine aus den offenen Türen baumeln, als wir über den Rhein nach Osten fuhren. Aber je weiter östlich wir kamen, umso kälter wurde es. In Litauen hörte der Spaß dann auf. Unser kleiner, eiserner Kanonenofen, der in der Mitte des ständig schaukelnden Waggons stand, war dicht umlagert, aber alle vierzig Mann konnten nicht gleichzeitig einen Platz am Ofen bekommen. Die räumliche Enge machte uns besonders zu schaffen, und die anfänglich ohnehin schwache Kameradschaft wandelte sich nun in offenen Haß gegen jedermann. Jeder war sich selbst der Nächste.

Oft hielt der verdammte Zug stundenlang, blieb einfach irgendwo und ohne ersichtlichen Grund auf offener Strecke stehen. Dann ratterten wir langsam weiter, durch bleigraues Gelände, meistens durch Kiefernwälder. Am Bahndamm sahen wir immer wieder umgestürzte, zerborstene Waggons und Wracks gesprengter Züge. Manche lagen schon längere Zeit dort, andere waren erst, wie man erkennen konnte, kürzlich in die Luft geflogen. Partisanen...

Es gibt immer Leute, die ihren Spaß daran haben, die Angst der anderen noch mit gruseligen Geschichten zu schüren. So wurden die Partisanen dann zu einer fixen Idee, und es lastete eine geradezu furchtbare Ruhe auf uns, untermalt durch das monotone Rattern der Räder auf den Schienen und dem harten Klopfen der Schienenstöße. Und wir warteten jeden Augenblick auf den großen Knall, der uns alle in die Luft sprengen würde. Kein Wunder, daß einige vor Angst durchdrehten und es zu plötzlich ausbrechenden Exzessen kam, wobei mehrmals üble Handgemenge entstanden und sich etliche Leute infolge der anhaltenden Spannung ein Ventil suchten, in dem sie sich gegenseitig an die Gurgel gingen. So kam es, daß plötzlich in der tiefen Dunkelheit der Waggons ein Spektakel entstand und Seitengewehre durch die Luft flogen, Männer sich gegenseitig fast zu Tode würgten und wir bereits erste Verletzte hatten, noch bevor wir an der von allen so gefürchteten Front ankamen.

Als bei der nächsten Station die übel zugerichteten, laut stöhnenden Kameraden unter noch lauterem Wutgeschrei der Unteroffiziere ausgeladen wurden und man uns in die Hölle verdammte, glaubten wir wirklich, daß wir der totale Sauhaufen und die übelsten Kreaturen wären, die je auf unserem Planeten lebten – unsere Entwürdigung hatte begonnen. Die Spannung wurde noch durch das Warten auf den großen Knall der von den Partisanen gelegten Minen verstärkt. Sie wurde unerträglich. Vielleicht hatte man wegen ähnlicher Transporterfahrungen dann die Spirituosen an uns ausgegeben. Es wurde nicht damit gespart. Jeder Mann bekam eine ganze Flasche hochprozentigen, französischen Weinbrand. Die Stimmung änderte sich bald darauf.

In einem der anderen Wagen ging es dann los. Es war wie eine Erlösung. Wieso hatten wir bisher das Singen vergessen? Nun ging es von Waggon zu Waggon, und vierhundert Mann in zehn Waggons begannen zu singen – in jedem Waggon ein anderes Lied... Der Alkohol tat seine Wirkung, und bei uns wurde gegrölt, *Oh, du schöner Westerwald...*

Irgendwann kam es zur nächsten Krise. Plötzlich flogen die leeren Flaschen durch den dunklen, wegen der Kälte fest verschlossenen Waggon und ließen die Sänger jäh verstummen. Dann endete das Ganze in einem wüsten Nahkampf. Ich hatte vorsichtshalber meinen Stahlhelm aufgesetzt und meine Pritsche zu einem Schutzschild umgebaut.

Dann kamen wir in Russland an – irgendwo.

Trostlos die Gegend, trostlos meine Gedanken... Allein stehe ich hier auf Posten und habe nichts zu essen. Niemand hat hier etwas zu essen. Es ist saukalt, und es wird langsam dunkel. Von irgendwo her höre ich leisen Gesang. Weihnachtslieder. Heute ist Heiligabend – das Fest des Friedens.

Jemand, der sich verändert hat

Sein Name ist... Ich weiß es nicht mehr... Er ist nur ein einfacher Soldat und einer der Ältesten unserer Kompanie. Ich glaube, er hat mehrere Kinder. Eigentlich war er nie besonders aufgefallen, und er ist auch kein guter Soldat. Oft hatte ihn der Spieß beschimpft und trotz seines Alters – oder gerade deswegen – besonders schikaniert. Mir ist er sympathisch; vielleicht deswegen, weil auch ich zu den schlechten Soldaten gehöre. Hier jedenfalls ist er uns ein ganzes Stück voraus – an Erfahrung. Furchtbar mußte diese Erfahrung allerdings gewesen sein, das sieht man ihm an, denn er hat so einen seltsam irren, flackernden, gehetzten Blick bekommen. Etwas Wahnsinniges liegt in seinen Augen; weiß der Teufel, als ob er Luzifer leibhaftig gegenübergestanden hätte. Und er erscheint uns plötzlich so fremd, aber auf unheimliche Weise überlegen, weil er um etwas weiß, das wir bis jetzt noch nicht kennengelernt haben – bis zu diesem Augenblick.

Die endlos weite Landschaft ist von dünnem Schnee weiß gepudert. Dann sein Kommando; und ehe wir uns versehen, sind wir schon oben auf dem überplanten Lastwagen, auf den Kisten mit der Munition für unsere 5-cm-Pak. Er hilft mit Stößen und Flüchen nach, die kaum zu verstehen sind – wenn man nicht durch seine Augen irgendwie versteht, was er meint. Ein Grauen liegt in seinem Blick, ein uns noch unbekanntes Grauen. Er kennt es wohl, trotzdem er doch erst seit drei Tagen hier ist. Als Kraftfahrer mußte er früher hierher, und in dieser kurzen Zeit hat er es schon kennengelernt – das, was wir gerade jetzt, da er uns fluchend auf den Wagen stößt, zu ahnen beginnen. Einen Moment steht er noch da, flucht, gestikuliert, ist fahrig und seltsam wild. Er sieht aus, wie jemand aus einer anderen Welt. Aber vor ein paar Tagen war er noch unter uns und genau so normal wie wir. Jetzt ist er so anders…

Dann rast er mit dem Lastwagen los, über die holprige und durch Granateinschläge aufgerissene Rollbahn. Es ist kalt, und neben der Straße liegt dünner Schnee. Hin und her geht es, und hin und her wirft es uns auf dem Wagen. Wir liegen mehr auf dem Fahrzeugboden, als daß wir uns auf den Munitionskisten halten oder irgendwo anders anklammern können.

Der „Andere" fährt wie der Teufel. Wir werden im Halbdunkel auf dem Wagen hin und her geworfen, müssen uns irgendwie festhalten und aufpassen, daß einem nicht eine der schweren Munitionskisten auf die Füße fällt, oder man in eine Ecke gedrückt und von den Kisten gequetscht wird. Man kann noch nicht mal einen Fluch über die Lippen bekommen. Bei der rasanten Fahrt um die Granattrichter heult der Motor unaufhörlich, und „er" holt alles 'raus, was die Maschine leisten kann.

Den Grund für sein merkwürdiges Verhalten erfahren wir genau in dem Moment, da der Lastwagen mit einem plötzlichen Ruck gestoppt wird und wir alle nach vorn geschleudert werden. Er springt aus dem Wagen und schreit wie hysterisch: „Runter vom Wagen und volle Deckung! Schnell!"

Schon durch die Art seines Verhaltens springen wir augenblicklich herunter, spüren instinktiv die Gefahr und werfen uns auf den Boden, als es auch schon kracht.

Ringsum bricht ein Heulen und Brüllen los! Der hartgefrorene Boden unter uns bebt, und das Krachen und Tosen der apokalyptischen Reiter um uns herum scheint nicht enden zu wollen. So liegen wir zum ersten Mal im Feuer, und die Zunge ist so seltsam belegt…

„Ans Sterben gewöhnt man sich nicht!" ruft „er", und immer wieder, wenn die Granaten neben uns einschlagen, krallen wir uns an den Boden. Dazu kommt der in den Augen beißende Pulverqualm und der modrige Geruch von feuchter Erde.

Nach etwa dreißig Einschlägen ist es plötzlich völlig still – eine ungewöhnliche, laute Stille… Nun haben wir zum erstenmal die hundsgemeine Wirkung der so berüchtigten Stalinorgel kennengelernt.

Dann hört man ein Wimmern… Jemand geht seltsam verkrampft und versucht etwas zu rufen, fragend seine Augen, entsetzt sein Blick, eine blutige Hand am Bauch. Zwei Meter vor mir geht er in die Knie, und ich sehe seinen zerfetzten Mantel und die schwarzen Ränder der heißen Granatsplitter, die ihn im Bauch getroffen haben. An diesen Stellen qualmt es leicht…

Doch das Grauen setzt erst jetzt ein – das Schreien der Verwundeten. Man möchte sich die Ohren zuhalten, so furchtbar ist es. Die armen Schweine, die da herumliegen, sind von Granatsplittern getroffen worden. Dem Einen wurde eine Hand abgerissen, einem Anderen ein ganzer Arm. Wie soll man ihnen helfen? Stumm sind nur jene, die sich nicht mehr bewegen. Auch ein Kopf in einem Helm liegt auf der Straße.

„Los, 'rauf auf den Wagen! Schnell 'rauf und weiter! Feindeinsicht!"

Kaum, daß wir Unversehrten uns wieder hinaufgeschwungen haben, rast der Wagen weiter. Dünne Schneefahnen wirbeln wild hinterher. Mein Herz schlägt mir bis zum Hals, da hören wir nur etwas weiter vor uns schon die nächsten Einschläge. Ein paar große und kleine Granatsplitter fetzen durch die Plane. Jetzt verstehen wir seine Eile und die sonderbare Verhaltensweise. Aber zum Nachdenken kommen wir nicht; schon wieder stoppt der Wagen, schon wieder sind wir draußen, und schon wieder tut sich die Hölle mit lautem Brüllen um uns herum auf.

Sofort danach sind wir wieder auf dem Wagen, da sehe ich noch, wie man einen wegträgt, von einigen in graue Decken vermummten Leuten. Sie kamen aus einem zerschossenen Haus in der Nähe und waren in gebückter Haltung auf den Daliegenden zugelaufen, um ihn schnell von der Straße zu schleppen. Sie laufen so gebeugt, als würden sie durch Regen laufen. Hier hatte es ja gerade Feuer und Stahl geregnet.

Kaum spüren wir noch das Anfahren des Wagens, denn die Angst, die uns im Nacken sitzt, ist größer als unsere Wahrnehmungsfähigkeit, läßt uns Einzelheiten nicht mehr differenzieren. Wie lange es so weitergeht,

kann mein Bewußtsein nicht mehr registrieren. Alle hocken wieder auf dem Lastwagen und sehen plötzlich aus wie Idioten.

Irgendwann ist die mörderische Fahrt endlich vorbei. Eilig werden die Munitionskisten abgeladen. Wir befinden uns in einer flachen Bodensenke, zwischen zum Teil zerschossenen kleinen Kiefern. Viele Gerätschaften, halb zugeschneit, liegen ringsherum, und überall im Schnee schwarze Einschläge von Granaten, kleine Krater – ganz frisch.

Völlig erschöpft, durchgeschwitzt und zerschunden kauern wir uns einen Augenblick hin, um erstmal wieder tief durchzuatmen. Das war also unsere Feuertaufe. Wir sind in der Hölle angekommen.

Euch wird noch der Flieder blüh'n!

Ich hatte gleich so ein saumäßig unangenehmes Gefühl, daß in dieser kalten Nacht mit ihrem trügerischen Anschein von Ruhe etwas Großes, Gefährliches auf uns lauert – nur wußte keiner, was das sein könnte.

Wir erkennen die Frontnähe. Am ganzen weiten Horizont vor uns brodelt unentwegt das Feuer der Artillerie. Unablässig zucken grelle Blitze durch die Nacht. Wie bei einem schweren Gewitter. Bis zur Front ist es wohl noch einen oder zwei Kilometer hin. Unheimlich, das anzusehen, furchteinflößend, es anzuhören.

Wir marschieren in eine kleine Ortschaft. Da stehen ein paar niedrige Häuser an der Straße. Noch hatte der Krieg seine stählerne Hand nicht bis hierher ausgestreckt – noch nicht. Hier sollen wir Quartier beziehen.

Einer unserer Unteroffiziere öffnet die Tür des ersten Hauses, das wir erreichen: „Los, los, rein da!"

Es ist ein langgezogenes Gebäude, eher ein Stall, aus groben Steinen erbaut, drinnen nur ein einziger, großer Raum, in dem es genauso dunkel ist wie draußen, aber warm. Unsere Gruppe tritt ein, die anderen gehen weiter und suchen sich Quartiere in den nächsten Häusern. Am Boden liegen dicht an dicht Männer unter grauen Decken und schlafen. Wir versuchen, auch irgendwo im Dunkeln einen Platz am Boden zu finden, weiter hinten im Haus.

Als ich zwischen den am Boden Liegenden hindurchgehe, stoße ich versehentlich jemandem an den Fuß. Augenblicklich richtet er sich auf, reagiert gereizt. Draußen steigt in diesem Moment eine Leuchtkugel auf, und in ihrem unruhigen, flackernden Licht, daß durch die großen Fenster fällt, sehe ich ein uralt wirkendes, graues, böses Gesicht. Von woanders

höre ich halblaute Flüche aus der Dunkelheit. In diesem Raum herrscht trotz der Ruhe eine spürbare Spannung – mehr noch, eine verdammte Hochspannung. Die mürrischen Brüder, die hier alle herumliegen, sind also die sogenannten alten Frontschweine. Besonders kameradschaftlich scheinen sie jedenfalls nicht zu sein.

Ich quetsche mich zwischen zwei dieser knurrenden Typen. Draußen brodelt nicht mehr weit entfernt die Front.

Ich kann nicht einschlafen, stehe wieder auf, gehe leise raus. Obwohl alle schlafen, ist mir, als ob sie gleichzeitig auf etwas warten, etwas, das ihnen Angst macht… Und nun schleicht das Grauen auch in mir hoch, läßt mich frieren…

Wie ist das wohl, da vorn an der Front? Ich denke an meinen Vater, der mir einst von der Westfront des Ersten Weltkrieges berichtet hatte. Er war Scharfschütze gewesen und hatte das große Glück gehabt, immer wenn es da vorn losging, gerade wieder auf einem Lehrgang zu sein. Oft hat er gesagt, daß er sehr froh ist, niemals auf einen Menschen geschossen zu haben. Wie das wohl ist, auf einen Menschen zu schießen und zu sehen, wenn er zusammenbricht. Und noch schlimmer muß es sein, ihm danach auch noch in die toten Augen zu blicken…

Da hinten ist die Front, und bald werde auch ich erfahren, wie es da vorn zugeht. Ein Scheißgefühl hat sich in mir breitgemacht.

Plötzlich zischt es kurz, dann eine höllische Explosion. Steine und Mörtel fliegen herum, es poltert und kracht. Weißer Staub hüllt mich ein.

Nachdem sich der Staub einigermaßen gelegt hat, sehe ich, daß im hinteren Bereich des Hauses die halbe Wand fehlt und das Dach eingebrochen ist – genau an jener Stelle, an der ich noch vor ein paar Minuten gelegen habe…

Jetzt kommen einige heraus, husten, spucken Dreck. Irgendwo drinnen schreien welche. Und nun sehe ich auch unsere Herren Unteroffiziere, die uns in Frankreich noch so brutal schikaniert haben, uns angebrüllt, nach Strich und Faden zusammengeschissen und erniedrigt haben. Die Angst ist ihren blassen Gesichtern mit den aufgerissenen Augen anzusehen, die pure Angst. Plötzlich sind sie gar nicht mehr so selbstsicher, so stark, so souverän; plötzlich kriegen sie's Maul nicht mehr auf. Kein Befehl wird gebrüllt. Keiner schreit mehr, „euch wird noch der Flieder blüh'n!" Plötzlich sind sie wieder zu normalen Menschen geworden – denn auch ihnen blüht jetzt der Flieder.

An der HKL

Es ist fast stockdunkel, und wir können absolut nichts ausmachen. Außerdem ist unsere körperliche Verfassung total am Hund. Dieser nur äußerst schwach zu erkennende, völlig verschneite Erdhügel, auf dem wir stehen, soll unser Bunker sein?

Wir spannen den Panje-Gaul vom Schlitten los und binden ihn an den Rest eines zersplitterten Baumes. Den Schlitten lassen wir einfach stehen. Bloß nicht auch noch alles wieder abladen, nur noch pennen.

Inzwischen hatten die Fahrer unser Geschütz abgeprotzt und sind wieder verschwunden, nach hinten, in die Nacht, in Richtung Wald, woher wir gekommen waren, zurück zu ihren rückwärtigen Quartieren. Na, die werden noch einige Zeit lang unterwegs sein. Wir vier Mann werden uns jedenfalls jetzt hinhauen, hier in diesen Maulwurfshaufen. Hoffentlich ist es dort unten wenigstens einigermaßen warm.

Die letzten drei Stunden waren eine einzige Qual gewesen. Wir sind vollkommen erledigt. Der Gefreite Drewenstedt, der ständig müder war als wir anderen, obwohl er nie mit auf Wache ziehen mußte, hat den Kanal restlos voll. Er ist kurz vorm Durchdrehen. Also rein in den Bunker, und alles stehen lassen, wo es gerade steht. Nur das Geschütz noch schnell in Stellung gebracht. Die Mündung zeigt irgendwo hin, in die dunkle Nacht, dahin, wo wir glauben, daß dort der Feind steht. Mittlerweile hat es wieder angefangen zu schneien.

Der Eingang zu diesem Scheißbunker ist in der verdammten Dunkelheit überhaupt nicht zu erkennen, weil alles zugeschneit ist. Irgendeiner von der Division, der sich hier auskennt, hat uns hierher eingewiesen. Doch der ist inzwischen wieder mit den Leuten vom Troß verschwunden, die unsere Pak und den Schlitten mit den Granaten hierher gebracht haben. Außer der Saukälte, die uns schwer zu schaffen macht, ist das Schlimmste mein rechter Fuß, der furchtbar schmerzt. Der blöde Schlitten war auf der langen Fahrt hierher zweimal umgekippt. Dabei war mir eine der Munitionskisten mit den schweren Pak-Granaten auf den Fuß gefallen. Herrgott, war das eine Scheißtour hierher!

Als wir im Dunkeln alles wieder auf den kleinen Schlitten laden mußten, haben wir nicht schlecht geflucht. Dabei haben wir natürlich ordentlich Krach gemacht, was hier, an der Front, nicht gerade vorteilhaft ist. Prompt pfiffen uns auch gleich, im wahrsten Sinne des Wortes, die Kugeln um die Ohren. Weil's so stockdunkel ist, wurde auch mit Leuchtspurmunition geschossen. So konnten wir an den gleißenden Streifen sehen, daß alles

knapp über unsere Köpfe hinweg ging. Wahrscheinlich sind die Iwan's da drüben besoffen, schließlich ist ja heute Silvesterabend.

Man hat uns tatsächlich direkt an die vorderste Linie geschickt. Also schnell rein in den Bunker! Doch da hören wir, wie die Russen drüben zu singen anfangen. Wir lachen.

„Das Lachen wird euch bald vergeh'n", sagt eine Stimme in der Dunkelheit. Einer der Posten taucht in der Nacht schemenhaft auf. Er steht plötzlich ganz nah bei uns. Man kann sein Gesicht nicht sehen, aber seine leise Stimme dennoch gut hören: „Wenn die da drüben abends zu saufen anfangen, werden sie am nächsten Morgen kommen. Das ist immer so. Sie saufen sich Mut an, und morgen kommen sie dann mit Urräh-Geschrei angerannt. Und je lauter sie heute singen, um so mehr zittern uns die Hände, das könnt ihr glauben, werdet's ja selbst erleben. Aber bis morgen ist es ja noch lange hin. Hier vorn in der Scheiße ist jede Stunde eine Ewigkeit."

Dann schlägt er eine halbverschneite Zeltbahn zu Seite: „Da geht's rein…"

Wir krabbeln in den Bunker und erschrecken uns. Ein dunkler Raum, in dem nur drei kleine, leicht qualmende Talglichter brennen, etwa vier mal vier Meter groß, keine einsachtzig hoch. Das, was die hier als Bunker bezeichnen, ist nichts anderes als ein dreckiges Loch im Erdboden, rundherum mit mehr oder weniger dicken Baumstämmen verkleidet und noch nicht einmal einen Meter dick mit Erde überschüttet. Alles ist Birkenholz; was anderes gibt's ja hier auch nirgends. An zwei der nackten Erdwände wurden aus groben Birkenstämmen zusammengezimmerte, dreietagige Schlafstellen errichtet. Aber sie sehen eher aus wie überdimensionale Schubladen denn als Betten. An der Wand neben dem schmalen Eingang stehen ein kleiner aber warmer Kanonenofen und ein winziger Tisch, im Raum ein paar flache, selbstgebaute, krumme Schemel. Waffen und etwas Munition liegen unordentlich herum. Die Luft ist vom Kerzenqualm und Zigarettenrauch stickig. Es stinkt nach Urin, Schweiß und verdammt schmutzigen Füßen. In dem Brodem hocken oder liegen sechs Männer, die aussehen, als wären sie uralt. Stumpf sehen sie uns an – sofern sie uns überhaupt beachten. Einer schiebt mir einen der krummen Schemel hin.

Nachdem wir Neuen uns gesetzt haben, betrachte ich die alten Frontschweine genauer. Drei sehen aus wie lebende Leichen. Einer hat schneeweiße Haare. Ihre Augen scheinen unnatürlich tief zu liegen. Bei fast allen bemerke ich, daß ihnen die Hände leicht zittern. Ich frage: „Ist das hier die HKL?"

Einer nickt müde.

„Und wie lange seid ihr schon hier?"

In gleichgültigem Ton antwortet er: „Zu lange."

Ich sage: „Heute ist Silvester…"

Aus einer der Schubladen grunzt einer: „Na und?"

Ein anderer sagt: „Halt's Maul!"

Drewenstedt, der sich schon in eine der freien Schubladen gezwängt hat, schimpft ungehalten: „Begrüßt man so die neuen Kameraden?"

Aus einer anderen Ecke sagt einer: „Mal seh'n, wie lange ihr Neuen das noch seid. Morgen früh kommt der Iwan…"

Morgen früh ist 1943.

Zum erstenmal in der Scheiße

Der Morgen graut herauf, und ich habe überhaupt keine Ahnung von dem verdammten Geschütz, hatte wohl während der Ausbildung in Frankreich daran exerziert und Übungen abgehalten, aber alles nicht besonders ernst genommen. Jetzt, unter diesen extremen Bedingungen, bei der saumäßigen Kälte und im Schnee, vor dem Dorf Posanowka, hinter der Höhe 555, heißt es, den Tatsachen ins Auge zu sehen und sich schnell darauf einzustellen, was uns die Situation nun abverlangt. Drüben, beim Iwan, ist es totenstill – gefährlich still, wie die alten Frontschweine gesagt haben…

Unser Gruppenführer, der Gefreite Drewenstedt – wir sagen noch immer „Herr Gefreiter", weil er in Frankreich unser Ausbilder war – erscheint deutlich nervöser als wir; vielleicht weil er schon einmal hier im Dreck gelegen hatte. Nachdem seine Einheit aufgerieben war, hatte man ihn ins ruhige Frankreich geschickt, wo dann unsere Division aufgestellt wurde.

Nun ist uns allen sehr mulmig, denn wir haben noch nicht das Gespür für die große Gefahr im Frontbereich, so wie Drewenstedt. Auch steckt uns noch immer der Schreck von der Fahrt mit dem Lastwagen und das scheußliche Feuer der Stalinorgeln in den Knochen.

Die Landschaft hier erscheint verlassen und kommt uns unheimlich vor. Wir haben unsere 5-cm-Panzerabwehrkanone hinter der Anhöhe in Stellung gebracht und in aller Eile mit einem weißen Laken getarnt, damit sie sich nicht so deutlich vom Schnee abhebt. Jedoch ist der Schnee in dieser Gegend nicht weiß, eher ein schmutziges Graubraun, dazwischen Buschgruppen aus zerfetzten Birkenfragmenten und massenhaft Granattrichtern.

Man hat uns an einem Hinterhang, in der Nähe einiger Erdbunker, in Stellung gehen lassen. Rechts, etwa fünf Meter neben uns, liegt einer auf dem Gesicht. Der erste Tote, den wir in diesem Krieg hier vorn, an der Front, sehen. Niemand kümmert sich um ihn. Er liegt da, so unnatürlich und ohne jede Würde; daneben abgestellte Munitionskisten. Hier sind wir geradewegs in die erste Linie geraten, obwohl wir im Augenblick nicht genau erkennen können, wo die HKL überhaupt verläuft und wo unsere Infanterie in Stellung liegt. Unsere ganze Situation erscheint irgendwie schemenhaft, unwirklich und unheimlich. Und in mir drin spüre ich eine ungeheure Anspannung.

Drewenstedt redet in geduckter, angespannter Haltung auf uns ein, und es hat den Anschein, als sei ihm gerade eben erst der Teufel persönlich begegnet. Man kann spüren, daß sich seine Nervosität auch auf uns überträgt. Nun beginnen drüben die Geschütze den russischen Angriff vorzubereiten. Wir können die Geschosse heranpfeifen hören, dann das viel zu nahe Krachen krepierender Granaten.

Auf der Höhe 555 kann man die russische Infanterie in ihren Gräben ahnen, weil von daher in kurzen Abständen MG-Salven abgefeuert werden. Hinter der Anhöhe liegt das Dorf Posanowka, das vom Feind besetzt ist. Von dort schießt der Iwan mit Handfeuerwaffen, und die Geschosse jaulen unheimlich dicht über unsere Köpfe hinweg. Das Störfeuer der Granatwerfer wird langsam stärker, und selbst Kittelmann, der noch vor ein paar Minuten so verächtlich gelacht hatte, wird jetzt kleinlaut. Wahrscheinlich hatte er mit seinem blöden Gelächter nur seine eigene Angst überspielen wollen.

Allmählich hellt es sich auf. Auszumachen ist dennoch nicht viel, in dem häßlichen Bleigrau dieses ersten Tages des Jahres 1943. Da brüllt Drewenstedt los: „Verschlußklappe auf! Los, Mensch, machen sie schon, sie Rindvieh! Was habt ihr eigentlich gelernt? Wenn ihr so weitermacht, wird euch der Iwan bald den Arsch bis zum Hals aufreißen! Los Keusgen, hau' schon die Granate rein! Auf die Holme setzen! Runter, Mensch, der Iwan liegt gleich vor der Anhöhe! Na, ich sehe schwarz! Was soll ich denn mit euch Blindgängern hier vorn anfangen?"

Verdammt, wie tun einem die Hände weh, so ohne Handschuhe die eiskalten Granaten anfassen und in die Kanone schieben. Verschlußklappe aufreißen, Sprenggranate 'rein…

Ausgerechnet ich bin nun Ladekanonier 2, das arme Schwein, jener, der als einziger die warmen Handschuhe ausziehen muß, da sie sich sonst eventuell in der Verschlußtechnik verklemmen könnten. Ich beginne, meine uninteressierte Haltung während der damaligen Ausbildung in Frankreich ernsthaft zu bereuen. Wenn wir hier noch länger mitten im freien Gelände diesen Affentanz aufführen, wird uns der Iwan bald eine verpaßt haben, denn wir merken, daß die Einschläge seiner Granaten immer näher kommen. Nun fetzen uns die heißen Stahlsplitter schon um die Ohren. Plötzlich kann man auch MG-Geschosse jaulen hören. Die Russen-MG's schießen so langsam, daß man die Abschüsse mitzählen kann.

Immer näher um uns herum schlagen die Granaten ein. Ein großer Brocken kracht mit derartiger Wucht gegen Kittelmann's Stahlhelm, daß es ihn von den Füßen haut. Angesichts der akuten Gefahr stellen wir unsere Blitzausbildung an der Pak ein und versuchen nun wie verrückt, Deckungslöcher in den steinhart gefrorenen Boden unter dem verharschten Schnee zu hacken – und das mit unseren kleinen, lächerlichen Klappspaten. Wie die Besessenen hacken wir auf den Erdboden ein und schreien dabei wie Idioten. Wir knien, liegen und rollen im Schnee herum und sind uns über unser verzweifeltes, irrwitziges Tun irgendwann gar nicht mehr im Klaren. Die alten Frontschweine liegen in ihren schönen, großen Löchern, die sie schon vor Wochen ausgehoben haben. Jetzt wird mir auf brutale Weise klar, warum die gestern abend gesagt haben, „mal sehen, wie lange ihr noch unsere neuen Kameraden seid…"

Die scharfkantigen, heißen Granatsplitter fetzen neben uns in den Schnee, und wir hacken wie verrückt, jeder in der Hoffnung auf ein kleines Deckungsloch, in das wir wenigstens den Kopf legen können. Wir schlagen dermaßen auf den stahlharten Boden ein, daß einem die harten Eisstücke ins Gesicht spritzen und scheußlich schmerzen. Mir tun die Hände weh. An einigen Fingern ist beim Laden der blöden Pak die Haut an den eiskalten Granaten klebengeblieben und abgerissen. Und mit diesen Händen hacke ich unentwegt an meinem Loch, frage mich, was ich hier eigentlich tue, bin doch Technischer Zeichner.

Irgendwann ist es dunkel geworden. Der Iwan ist an diesem Tag doch nicht gekommen. Vielleicht kommt er morgen… Wir können die roten Flammen seiner krepierenden Granaten um uns herum aufblitzen sehen, und auf der Anhöhe werden die ersten Leuchtkugeln für die Vorfeldbeleuchtung abgeschossen. Die Nacht bricht an, und wir leben noch. Doch der Krieg geht weiter – und verzweifelt hacken wir noch immer an Löchern, die keine werden.

Auf Wache

Mitten in der Nacht. Zehn Schritte nach links, dann wieder zurück. Jeder Schritt wird einem schwer, aber man muß sich bewegen, wenn man nicht einschlafen will, und gerade das darf man auf keinen Fall, das würde den sicheren Tod bedeuten. Einschlafen auf Wache an der HKL, darauf steht die Todesstrafe. Außerdem würden einem die Knochen erfrieren, wenn man länger auf einer Stelle verharren bliebe, denn trotz der annähernd 30° Kälte wird einem warm, wenn man sich bewegt, denn es ist schon eine Leistung, sich in dem engen Graben und mit den ganzen dikken Klamotten am Leibe überhaupt umzudrehen.

Endlos die Minuten, und eine Ewigkeit die zwei Stunden, die man hier bis zur Ablösung stehen muß.

„Der Mond ist hier doppelt so groß wie Zuhause", sagt mein Kumpel und blinzelt mich dabei aus unmittelbarer Nähe durch den eisverkrusteten schmalen Schlitz zwischen Pelzmütze und Ohrenschützer an. Das Ganze war durch den Atem, der sogleich zu Eis erstarrt, zu einem einer Ritterrüstung ähnlichen Panzer geworden. Der Mond ist das einzige, das man aus unserem Graben sehen kann, denn er steht tief und wirkt noch dadurch ständig tiefer, weil wir andauernd den endlos fallenden Schnee hinaus schaufeln müssen und somit der Wall dem Mond langsam entgegenwächst…

Menschenskind, wenn der Iwan jetzt käme, dann könnten wir gleich einpacken. Aber Gott sei Dank sind die da drüben auch nur Menschen, und wenn sie nicht zu Eiszapfen erstarren wollen, dann müssen sie sich genauso einmummeln wie wir und ebenso den Schnee aus ihren Gräben schaufeln.

Wenn ich da an meinen Zivilanzug denke, oder an meinen eleganten Wintermantel… Wie lange ist das eigentlich schon her, daß ich eine derartig elegante Kleidung getragen habe.? Ist es überhaupt noch wahr? Wir haben hier soviel Abstand von der Zivilisation, daß man es bald bezweifeln könnte.

Wie war es denn überhaupt dazu gekommen, daß ich jetzt hier, in diesem verdammten Mummenschanz stehe und Zuhause mein Wintermantel im Kleiderschrank hängt?

Ich war als Technischer Zeichner in einem großen Rüstungsbetrieb in Hannover tätig gewesen, folglich reklamiert. Zuletzt hatte ich Mündungsfeuerdämpfer für Panzer gezeichnet. Meine Freunde hatten mir immer geschrieben, daß es ihnen als Soldaten gut geht und daß sie gut zu essen hätten, und wir in der Heimat hatten Kohldampf bis unter beide Arme. Da habe ich mich freiwillig gemeldet.

Ich sehe im Geiste meine Mutter, wie sie die Schranktür öffnet, meinen Mantel abbürstet und mit der Hand darüber streicht, als hätte ich ihn gerade an. Aber lieber gar nicht so weit denken, denn so etwas ist für die Psyche zu schmerzhaft.

Hier, in dieser Kälte, kann man nur bestehen und überleben, wenn man sich einpackt, mit drei Paar Strümpfen, zwei langen Unterhosen, dann die Uniform, eine Pelzjacke darüber, dann der Mantel und darüber die Tarnjacke. Über den harten Knobelbechern noch ein Paar Pelzstiefel, solche Riesengaloschen, wie sie die Verkehrspolizisten im Winter an den Straßenkreuzungen tragen. Man braucht nur hineinzutreten; sie sind weit und breit wie Elbkähne. Mein Kumpel hat ein Paar erbeutete Russen-Filzstiefel an den Füßen, und wir beneiden ihn alle darum. Allein mit diesen dicken Filzstiefeln ist uns der Iwan überlegen. Sie sind weich und warm, ganz aus einem Stück gepreßt, und man geht darin geschmeidig und völlig geräuschlos. Nur mit dem Vorwärtskommen ist es nicht so einfach. Sie haben nur einen großen Nachteil: Es darf kein Tauwetter kommen, denn dann sind sie sofort durchgeweicht wie ein Schwamm. Aber bis zum ersehnten Frühling ist es noch sehr weit hin.

Wie langsam kriecht die Zeit dahin, und niemals zuvor habe ich die Stunden und Tage gezählt, wie hier. Noch eine halbe Stunde, dann kommt die Ablösung. Hoffentlich kommen sie pünktlich. Je näher man dem Zeitpunkt der Ablösung kommt, desto langsamer gehen die Minuten dahin. Krampfhaft muß ich mit der Müdigkeit kämpfen, und so trottet man durch den Graben und zählt die Schritte. Mein Kumpel geht ein paar Schritte in die andere Richtung des im Zick-zack verlaufenden Grabens, bis an den Knick, manchmal auch ein Stück weiter, bis zum nächsten Knick. Dort kann man den dünnen aber würzigen Rauch riechen, der aus unserem Bunker kommt, und manchmal kann man den hellblauen Birkenholzqualm sogar in der mondhellen Nacht sehen.

Der Gedanke an den warmen Bunker, in dem die Kameraden schlafen, macht einen ungeduldig. So sprechen wir in den letzten Minuten bis zur Wachablösung kaum noch ein Wort. Wir lauschen, ob wir nicht endlich die im Schnee knirschenden Schritte jener hören, die dann an unse-

58

rer Stelle hier zwei lange Stunden stehen müssen und, genau wie wir, auf die nächste Ablösung warten werden – wieder auf uns…

Noch ein paar Minuten. Hoffentlich kommen die Himmelhunde auch wirklich pünktlich. Gestern Nacht, bei der zweiten Wache, hatten wir drei ganze, verdammt lange Minuten länger gestanden. Das geht alles von unserem Schlaf ab. Jede Minute Schlaf ist wichtig, wenn man bedenkt, daß in zwei Stunden schon wieder die neue Wache für uns anfängt. Dann steht man wieder zwei unendlich lange Stunden hier, in dieser verfluchten Eiseskälte. Falls der Himmel aufreißt und der Mond dann endlich wieder zu sehen sein wird, steht er dann ganz woanders. Es ist etwas tröstend, wenn man den Mond sehen kann. Wie oft denkt wohl jeder von uns, ob nicht im selben Moment auch die Blicke eines Menschen auf den Mond gerichtet sein würden, der weit fort in der Heimat ist und an einen denkt. So fühlt man ein wenig Verbundenheit. Der Mond ist sozusagen eine Brücke, in deren Mitte sich die Blicke treffen. Außerdem schneit es dort nicht – aber noch kälter ist es da oben.

Herrgott nochmal, die letzten Minuten sind kaum auszuhalten. Langsam ist einem das Gesicht vollkommen eingefroren und unsere Klamotten über und über von Eis bedeckt. Die Augen müssen krampfhaft aufgerissen werden, damit man nicht einschläft. Eigentlich ein komisches Gefühl, wenn man bedenkt, daß wir die Ersten sind, die Ersten, die soweit hierher geschickt wurden, zweitausend Kilometer weit – um die Heimat zu schützen, wie es heißt. So ein Unsinn!

Als ich noch ein Junge war, hatte mir mein Vater oft von der Westfront des Ersten Weltkriegs erzählt. Er hatte in mir einen aufmerksamen Zuhörer gehabt. Wie romantisch hatte sich das alles angehört. Ich hatte damals eine ganz andere Vorstellung von der Front. Nach den Schilderungen meines Vaters war die Front ein stark befestigtes, gestaffeltes Grabensystem mit festen MG-Ständen und massiven Betonbunkern, Verbindungsgräben und Versorgungsstollen, Gefechtsständen, Stacheldrahtverhauen, Minenfeldern, vorgeschobenen Sappen, und weiter hinten die Auffangstellung. Danach hatte ich die Vorstellung, daß in dieser Festung ein reges Leben herrschte und dort die Frontsoldaten dicht an dicht standen, es von Soldaten nur so wimmeln mußte. So, wie wir es aus Büchern und Filmen kennen, war die Front von Weitem erkennbar am stetigen Grummeln der Artillerie, das immer lauter und deutlicher wurde, je näher man ihr kommt, und dem Aufflackern der Leuchtkugeln, um sie in der Nacht zu erhellen.

Wie ganz anders ist das hier! Seit vierzehn Tagen sind wir nun in der vordersten Linie. Am zweiten Weihnachtstag waren wir hierher, nach vorn, an die gefürchtete Front gekommen. Wir hatten vorher etwa fünfhundert Meter von hier entfernt gelegen, in dem Wald, den man von hier aus sehen kann. Dort lagen wir nur zwei Tage, um dann einen Stellungswechsel nach hinten zu vollziehen.

Wer zum erstenmal nach Russland kommt, dem kommt es unheimlich verlassen vor, und mit unseren deutschen Maßstäben ist hier nichts zu messen, ganz besonders mitten im Winter. Schon als wir ausgeladen wurden, am Bahnhof, irgendwo da weit hinter uns, in einer trostlosen Gegend, wo der Hund verfroren ist, stellten wir es fest. Wir waren ein paar Tage unterwegs, seitdem wir ausgeladen worden waren. Wir waren durch fast verlassene Bauerndörfer gekommen, die friedlich inmitten der Schneewüste liegen, Hütten, in denen nur alte Zivilisten hausen – die Zurückgebliebenen, die der Iwan beim Rückzug nicht mitgenommen hatte, weil sie nur Ballast waren. Sie sind sehr freundlich zu uns, und unser erster Eindruck war, daß der Russe ein gemütlicher, gutmütiger Mensch ist, jedenfalls was die Zivilisten betrifft. Soldaten sind da ganz anders.

Die Ablösung kommt. Endlich! In zwei Stunden stehe ich wieder hier und werde wieder genau denselben Gedanken nachhängen – wie in jeder Nacht.

Nahkampf

Wie wunderbar es auf dieser Welt ist, und wie schön das Leben sein kann... Das erste Tageslicht bricht an und beleuchtet von unten her, so scheint es, mit zarten Strahlen den milchigen Nebel, der in der sumpfigen Niederung vor uns hängt. Dichte Schwaden, die von Moment zu Moment transparenter werden, weil die weißgoldenen Sonnenstrahlen sie immer schneller durchdringen. Die ganze warme Sommernacht lang haben Tausende Frösche ihr lautes Konzert veranstaltet, und noch immer ist die Luft davon erfüllt. Hier umgibt uns eine Romantik wie im tiefsten Frieden... Aber zwischen der Romantik und uns kommt erst unser Drahtverhau, dann ein Minenfeld, dann das Niemandsland – ein dreihundert Meter breites, sumpfiges Gelände, in dem unbekümmert die Frösche quaken – und dahinter liegt die russische HKL, diese verfluchte, gottverdammte Hauptkampflinie!

Mit einem Schlag noch nie erlebten Ausmaßes setzt unser Trommelfeuer ein. Ein Brüllen hebt an, und aus Hunderten Kanonenrohren bricht ein stählerner Orkan los, wie man ihn nicht beschreiben kann. Es kracht, heult, kreischt, jault, pfeift, faucht, brüllt und macht die Ohren taub. Nie zuvor habe ich bisher den Einsatz der Nebelwerfer erlebt, diese unförmigen, fliegenden Scheißdinger, die von den Landsern ironisch als „Brüllende Kühe" bezeichnet werden. Ihr verharmlosender, blöder Name *Nebelwerfer* verheimlicht hundsgemein die Grausamkeit dieser Raketenwaffe mit ihren furchtbaren Preßluftgeschossen. Wenn sie abgeschossen werden, verursachen sie ein Geräusch, daß dem Brüllen einer im Moment abgestochenen Kuh gleichkommt. Schauderhaft! Und dort, wo diese Ausgeburten der Hölle runterkommen, reißt es jedem Menschen und jedem Tier die Lungen auseinander und die Arme, Beine und Köpfe ab… Ein einziges Mal zuvor bin ich dorthin gekommen, wo wir diese gräßliche Waffe eingesetzt hatten. *Wir?* Ich nicht! Ich will mit diesem ganzen verdammten Scheißkrieg nichts mehr zu tun haben! Ich durfte mich zwar zu den Soldaten melden, aber jetzt, da ich meinen Fehler eingesehen habe, darf ich nicht wieder gehen. Und in diesem Moment beginnt auch hier, in unserem Frontabschnitt, das industriealisierte Massensterben. Es ist, als ob auf einmal der ganze Himmel brennt. Ich umklammere meinen Karabiner mit dem aufgepflanzten Bajonett derart fest, daß meine Hände zu schmerzen beginnen. Plötzlich ist das höllische Tosen vorbei, alles wieder ganz still.

Dann der Befehl zum Angriff: „Sturmangriff! Raus! Raus! Los, raus!"

Zum Ich-weiß-nicht-wievielten-Mal springe ich mit den anderen Freiwilligen und Unfreiwilligen über den Rand des Grabens. Auf, auf, zum staatlich legitimierten Töten!

Wir rennen durch die Schneisen in unserem Drahtverhau, durch die markierten Schneisen unseres Minenfeldes, rennen in das flache, sumpfige Tal. Ich höre keinen einzigen Frosch mehr quaken. Dafür fliegen uns die Geschosse der Russen um die Ohren. Sie feuern mit ihren Karabinern, Maschinengewehren und ihrer Pak zwischen uns. Links und rechts neben mir fallen schreiend Kameraden. Ich rufe einem, der nur zwei Meter neben mir läuft, zu: „Wieso lebt da überhaupt noch einer, nach unserem Feuerwerk?"

Er blickt zu mir rüber, öffnet den Mund, will etwas zurückrufen – und ist plötzlich weg. Einer seiner Arme fliegt direkt an mir vorbei.

Von diesem Moment an ist jegliche Wahrnehmung abgeschaltet, keine Geräusche mehr, kein Gefühl mehr, keine bewegten Abläufe, nur noch stehende Einzelbilder: Grell flackernde Stichflammen am Rand des russischen Grabens. Maschinengewehre. Dahinter Stahlhelme. Der Sprung in den Graben. Gesichter. Russen. Mein Karabiner schießt, schießt, schießt – und ist plötzlich tot, leer. Vor mir Russen, dazwischen Wehrmachtuniformen. Wieder ein Russe vor mir. Mein Bajonett gleitet wie von selbst in seine Brust. Aufgerissene Augen. Ein schwarzes Loch, wo eben noch sein Mund war. Blut spritzt heraus. Mein rechter Fuß tritt gegen seinen Bauch. Da ist mein Bajonett wieder. Blutig. Da steht ein weiterer Russe. Ein Revolver ist auf mich gerichtet. Weit aufgerissene blaue Augen – sympathische blaue Augen. Ein Mund, der Blut spuckt. Enge im Graben. Überall Augen, Münder, Arme, Gewehre, Bajonette, Revolver, Pistolen… Eine Wehrmachtuniform steht vor mir. Umdrehen, zurück! Überall Russen, vor mir und unter mir. Zwei kommen mit aufgepflanzten Bajonetten auf mich zu. Meines bohrt sich in eines der Gesichter. In vielen Bildern hintereinander sehe ich eine kleine Blutfontaine herausspritzen. Erst ist sie nur ein langer Tropfen, rasch wird er zu einem immer länger werdenden Strahl. Der andere Russe steht mit erhobenen Händen da. Dann fällt er nach hinten um, ist sofort unter mir. Ich sehe, wie meine Arme und Hände mit dem Gewehr mit dem Bajonett arbeiten, so als wären es gar nicht meine Arme und Hände, nur ein fremder Mechanismus. Weiter! Nur weiter! Niederstechen, töten. Weiter…!

Als ich wieder zur Besinnung komme, hocken außer mir auch noch ein paar Kameraden erschöpft in dem Graben. Mehr als die Hälfte von uns ist verwundet oder tot. Wir hocken auf Leichen, auf Russen und Deutschen. Unser Atem geht schnell. Von überall her hört man Stöhnen. Ich kann wieder hören, kann alles wieder normal wahrnehmen…

Nach ein paar Minuten erhebe ich mich als Erster, gehe in dem engen Graben ein paar Schritte über die dicht an dicht liegenden blutigen Körper, suche nach verwundeten Kameraden. Ein Scheißgefühl ist das. Viele junge Gesichter, deutsche und russische. Genauso arme Schweine wie wir. Einer stöhnt, als ich auf seine Brust trete, dachte, er wäre tot. Mein Gewehr ist leergeschossen, will es neu laden, aber ich habe keine Munition mehr. Sollte ich in dem ganzen tobenden Wahnsinn hier im Graben nachgeladen haben? Weiß nichts mehr davon, weiß nicht, wie lange dieser Horror wieder gedauert hat. Das weiß man hinterher nie.

Da liegt Unteroffizier Emmelmann. Er hatte immer Skrupel, Menschen töten zu müssen. Kopfschuß durch's Auge. Er war erst vor zwei Wochen als Versprengter von einer anderen Einheit zu uns gekommen. Ich nehme seine Schmeisser-MPi. Das Magazin ist noch ganz voll.

Hinter einem Grabenknick bleibe ich stehen. Hier liegen sie zu mehreren übereinander. Da erhebt sich nur fünf Schritte weiter ein Arm mit einer Hand. Der Arm steckt in einer russischen Uniform. Der Zeigefinger will mir befehlen, näher zu kommen. Eine Stimme sagt: „Komm, Pan…, komm…"

Ein Kopf mit einem Gesicht voller kleiner Blutspritzer kommt hoch. Auf dem Kopf eine schiefsitzende Mütze mit einem roten Stern.

„Komm, Pan…"

Das Gesicht lächelt.

Ich kenne diese Brüder. Politkommissare. Habe bei russischen Angriffen schon mehrmals gesehen, wie diese Kerle ihre Soldaten – ängstliche Bauernjungen – mit vorgehaltenem Revolver gegen unsere Linien vor sich hergetrieben haben.

Jetzt bewegt sich auch seine andere Hand…, auffällig langsam… Ich reiße die Schmeisser hoch und jage ihm einen Feuerstoß ins Gesicht. Gleichzeitig drückt er seinen Nagant-Revolver ab. Daneben. Dann ist alles still. Ich blicke zum strahlendblauen Himmel auf, sehe die Sonne, die bereits weit über dem Horizont steht. Wie schön ist doch unsere Welt – und wie wertvoll unser Leben…

Partisanen

Man hatte einen Spähtrupp zusammengestellt. Das war vorgestern. Vier Mann. Sie sollten herausfinden, wo die russische Linie verläuft. Wir können sie von hier aus nicht sehen. Die sind dann auch losmarschiert, ins Niemandsland. Aber wiedergekommen sind sie nicht.

Da hat man nochmals vier Leute losgeschickt. Die sollten die anderen suchen, oder zumindest sehen, was aus ihnen geworden war. Vielleicht waren die ersten Vier ja zum Iwan übergelaufen. Die Russen stellen gelegentlich an der Front Lautsprecher auf und zwingen deutsche Gefangene, zu uns herüber zu rufen. Psychologische Kriegsführung.

„Kameraden!" müssen sie dann rufen, „Kameraden, legt eure Waffen hin und kommt zu uns 'rüber. Hier geht's euch gut, hier habt ihr zu essen und zu trinken. Kommt 'rüber, wir warten auf euch!"

Und dann wurde laut Lili Marleen abgespielt, oder was Ähnliches.

Aber so etwas machen die meistens im Winter, wenn keine Verpflegung nach vorn kommt und man die Schnauze trotzdem so richtig voll hat, wenn man so richtig demoralisiert ist und sich nichts anderes mehr wünscht, als daß der verdammte Wahnsinn endlich ein Ende haben sollte. Aber jetzt ist Sommer.

Einige Zeit nachdem gestern der Suchtrupp ins Niemandsland abge-rückt war, in den dichten Wald auf der anderen Seite der Landstraße, an der wir liegen, konnten wir entfernt Schüsse und Schreie hören.

Abends hatten wir abermals vergebens auf unsere Kameraden gewar-tet. So war heute morgen ein neuer Trupp zusammengestellt worden. Wieder vier Mann. Dieses Mal bin auch ich dabei. Drei Mann nehmen ihre Maschinenpistolen und ein paar Handgranaten mit, ich mein neues MG'42 mit angeschlagenem Trommelmagazin, um den Hals noch zwei zusammengesteckte Gurte mit einhundert Schuß. Dieses Mal gehen nur alles Scharfschützen, Männer, die schon fast zwei Jahre an der Front sind. Erfahrene. So viele gibt es von unserer Sorte nicht. Die meisten fallen innerhalb der ersten zwei Wochen, der Rest, der schneller lernt und mehr Instinkt besitzt, hat Chancen auf mehrere Monate. Nur ein paar von jedem Verein halten noch länger durch, hier vorn an der Front.

Das erste Tageslicht ist gerade angebrochen, da tasten wir uns durch den Stacheldraht. Vorsichtig, ganz leise, immer im Schutz von Bäumen oder Sträuchern. Dann sind wir vor unserer Linie.

Wir schleichen durch das hohe Steppengras, fast dreihundert Meter, bis zum Wald hinüber. Da verharren wir. Vorgehen, sehen, aber selbst nicht gesehen werden, dann warten und beobachten, das ist das bewährte Einzelkämpferprinzip. Wir warten, hoffen, daß sich irgendwo etwas bewegt. Die Zeit vergeht, doch nichts geschieht.

Jetzt schleicht einer los, spähen. Feldwebel Neumann. Er kommt auch von einem anderen Haufen und ist schon länger an der Front als wir, und er duzt jeden; ein toller Kumpel. Wir sehen ihn im hohen Farn zwischen den großen Bäumen verschwinden. Wieder warten wir.

Keine fünf Minuten sind vergangen, da taucht er plötzlich unmittelbar vor uns wieder auf. Man merkt ihm sofort die emotionale Bewegung an. Mit offensichtlicher Wut faucht er: „Diese Schweine, diese verdammten russischen Schweine!"

Mehr sagt er nicht, macht nur eine Handbewegung, ihm zu folgen.

Wir schleichen hinter ihm her.

Nach nur zwei Minuten erreichen wir einen schmalen Trampelpfad, der durch den dichten Wald führt. Neumann wendet sich um und legt einen Zeigefinger auf seine Lippen. Dann deutet er nach vorn.

Mir ist, als ob mir das Blut in den Adern gefriert. Keine zehn Meter vor uns sehen wir den ersten unserer Kameraden eines der beiden Späh-trupps. Ockermann. Seine Frau hatte ihm erst vor einem Monat einen

Sohn geboren. Er steht aufrecht, sieht aus, wie an einen Baum gelehnt, aber mit seltsam weichen Knien und lose herabhängenden Armen. Man hat ihn mit Bajonetten durch beide Augen an den Stamm genagelt. Ein grauenhafter, erschreckender Anblick.

„Partisanen…", flüstert einer.

Ein anderer Kamerad unseres kleinen Trupps deutet auf einen Baum weiter hinten. Daran hängt noch einer unserer Kameraden; etwas weiter der nächste. Alle zur Abschreckung auf die gleiche, grausame Weise an die Bäume genagelt. Allerdings lassen die vielen Einschußlöcher in ihren Körpern hoffen, daß man sie schon vorher erschossen hatte.

Neumann wendet sich zu uns um. Leise sagt er: „Wenn die verdammten Schweine noch hier sind, werden sie, wenn sie unsere Stellung beobachten wollen, nicht weit sein…"

Ich sehe, wie er mit seinem schmutzigen Daumen den Sicherungsflügel seiner Maschinenpistole umlegt.

„Seid Ihr bereit?"

Wir nicken.

„Also gut, dann wollen wir mal…"

Neumann gibt uns durch Handzeichen zu verstehen, daß wir zwar noch einen Moment abwarten, uns aber schon verteilen sollen. Dann schleicht er schnell zehn Meter vor, bis in die Nähe des ersten Baumes, an dem einer unserer blutigen Kameraden hängt. Er späht nach oben. Plötzlich erhebt er sich und ruft: „Ihr verfluchten Hunde!"

Es schallt durch den ganzen Wald. Augenblicklich beginnt aus mehreren hohen Bäumen die Schießerei auf Neumann.

Jetzt erheben auch wir uns und beginnen, fast systematisch in die Bäume zu schießen. Wir grasen regelrecht einen Baum nach dem anderen ab. Mit grellen Schreien fallen die russischen Partisanen herunter. „Meiner" schlägt im Herabfallen mehrmals auf dicke Äste auf und sein Gewehr in hohem Bogen davon. Ich spüre das heftige Schlagen meines MG's in der Hüfte, sehe die in schneller Folge aus der Mündung lodernden Stichflammen. Sieben Russen fallen herab wie Maikäfer. Unsere ganze brutale Wut entlädt sich in unserem hemmungslosen Dauerfeuer. Wir halten noch drauf, als sie schon am Boden liegen. Ihre Körper zucken und zucken, und wir johlen dabei, schreien und schreien.

Als wir gehen, sehe ich mich noch einmal zu den sieben toten Russen um. Sie liegen da, halbzerfetzt von unseren Schüssen und blutüberströmt, die Augen und Münder noch geöffnet. Sie liegen in erschreckend skurrilen Verrenkungen. An den Bäumen in ihrer Nähe hängen unsere acht angenagelten Kameraden, und ich denke, daß es gut ist, daß weder die russischen noch die deutschen Mütter und Frauen in diesem Moment ihre Söhne und Männer in ihrem grauenhaften Zustand sehen können. Immer wieder frage ich mich, warum sich Menschen so etwas antun, sich derart hassen, so etwas Grausames zu tun – und bin doch selbst einer von denen, die gerade eben aus Haß brutal getötet haben.

Gefallen…

30. Dezember 1943. Noch ein Tag und dieses Scheißjahr ist endlich vorbei. Leichter Schneefall und arschkalt. Gleich wird unsere rückwärtige Artillerie dem Iwan wieder mit ihrem Trommelfeuer einheizen… Die Batterien stehen drei, vier Kilometer hinter uns, und wir hocken hier vorn im Graben, die Bajonette aufgepflanzt.

Die Kameraden neben mir kenne ich kaum, sind fast alles neue. Der Moloch Front frist zu schnell, schon so lange, viel zu lange… Ständig kommen neue Gesichter, und immer werden sie jünger – oder älter. Von diesen Neuen hat noch kein einziger einen scharfen Schuß gehört. In ein paar Minuten wird denen die Muffe geh'n. Das sind also des Führers neue Landser – Milchgesichter und Familienväter.

Knechte sind wir hier vorn, nichts anderes als elende Knechte des Todes, treue Knechte – zwangsweise.

Wieso wird angesichts Millionen Soldatengräbern eigentlich noch immer *Treue bis in den Tod* proklamiert? Wieso wird den „neuen" Männern angesichts Millionen trauernder Mütter, Väter, Frauen und Kinder noch immer der Unsinn vom schönen Heldentod suggeriert? Damit wir treu sind und schön treu töten – und wenn es sein muß, ebenso treu sterben. Aber hier draußen stirbt man nicht so einfach. Hier krepiert man elendig, wird überrollt, in Stücke zerrissen, verblutet, verröchelt und verreckt im Dreck. Das ist noch viel schlimmer als Sterben. Ich erinnere mich an eine Aussage in irgend so einem blöden Propaganda-Buch, in dem der Vater auf einem Soldatenfriedhof des Ersten Weltkrieges zu seinem Sohn sagt: „Und vergiß eines niemals, nämlich, daß alle diese Männer in Erfüllung ihrer Pflicht und getreu ihres Fahneneides nur einem einzigen Befehl gehorchten: Dem Befehl, ihr Leben für's Vaterland zu opfern."

Links neben mir hockt einer dieser Familienväter. Er hat ein Foto von seiner Frau und seinen beiden Kindern aus der Brieftasche genommen und starrt unentwegt darauf. Diese Typen kenne ich, sie sind bei jedem

Sturmangriff die Ersten, die fallen. Ihre Gedanken sind nicht hier vorn beim Töten, und das nutzt der Tod aus. Dann liegen sie da, die Familienväter, und ihre Fotos verweht der Wind, begräbt der Schnee, treten im Frühjahr andere, die darüber hinweglaufen in den Schlamm. Und noch immer hält die geliebte Frau die Kinder in den Armen, und alle lächeln, bis sie sich irgendwann in diesem russischen Boden auflösen – genau wie der Papa.

Bis jetzt ist der Papa noch ein friedliebender Bürger, was er aber nach dem Gesetz des Krieges gar nicht mehr sein soll, schlimmer noch, gar nicht mehr sein *darf*. Auch ihn hatte man aus seinem normalen Leben gerissen, aus seiner Familie, und in eine Uniform gesteckt, die rechte Hand zum Schwur erheben und seinen Eid ablegen lassen, und die Worte nachsprechen, die man ihm vorsagte: „…getreu bis in den Tod."

Ich verstehe unter Vaterland, ein Land in dem ich leben kann, keines für das ich sterben soll.

Und es weigert sich keiner, weil sich niemand weigern kann.

Rechts von mir lehnt ein 19-Jähriger an der Wand des Grabens. Der soll sich freiwillig gemeldet haben, hat aber auch nicht die geringste Fronterfahrung. Der fällt als einer der Nächsten. Wenn er nicht sofort tot ist, wird er nach seiner Mutter schreien, bis er verblutet ist. Ich kenne das alles, habe es schon viel zu oft miterlebt.

Mein Bruder ist auch neunzehn, liegt jetzt irgendwo da oben im Nordabschnitt, nahe Leningrad. Helmut und ich leben in einer ganz besonders guten Beziehung zueinander. Wenn dieser verfluchte Krieg endlich zu Ende ist, werden wir wieder gemeinsam Musik machen. Jazz. Ist verboten, aber uns ist das scheißegal. Helmut spielt Geige, ich Saxophon und Friedel Ramspeck Schlagzeug. Manchmal kommt auch Horst Höver mit seiner Trompete. Aber der bläst immer wie der letzte Zickendraht, paßt besser zur Marschmusik.

Ich muß lächeln, wenn ich an meinen Bruder denke. Immer im hellen Trenchcoat, den Kragen hochgeschlagen, einen langen, weißen Schal um den Hals und einen schwarzen Praliné schräg auf dem Kopf. Immer schick, immer lässig. Ja, so sind wir durch Hannover gezogen. Ich freue mich darauf, ihn endlich wiederzusehen, freue mich auf die neue Zeit mit ihm, wenn dieser Scheißkrieg endlich vorbei ist. Aber erstmal ist morgen dieses Jahr zu Ende.

Halt! Keine Gedanken an die Familie, keinen Gedanken an Zuhause! Denk an den Angriff, Hans!

Der Unteroffizier, der sich gerade durch den Graben drängt, zwischen „seinen" Männern hindurch, ist auch erst eine Woche hier. Einundwanzig ist er. Er ruft meinen Namen. Meinen Namen? Ich hebe die Hand, meine schmutzige, schwielige Hand, die vom ständigen Löcher buddeln so aussieht, als wäre sie gar nicht meine Hand. Ungewaschen seit Tagen, weil es hier kein Wasser gibt.

Der Unteroffizier hält mir einen Briefumschlag hin. Mein Name steht drauf, meine Feldpostnummer und der Absender meiner Eltern. Ein Brief…, jetzt, in diesem Moment…? Ich will ihn in die Feldbluse stecken. Aber noch bereitet die Artillerie mit ihrem Trommelfeuer unseren Angriff nicht vor. Es ist noch etwas Zeit, etwas Zeit, den Brief vielleicht doch noch zu lesen…

Während ich das Couvert aufreiße, sehe ich zu einem der letzten alten Kameraden hinüber, die noch von jener Einheit übrig geblieben sind, der ich erst vor vier Wochen zugestellt wurde, nachdem ich einer der Letzten meiner Kompanie gewesen war. Ich sehe seine grauen Haare an den Schläfen und das Zittern seiner Hände. Er ist genauso alt wie ich – zweiundzwanzig.

In dem Moment, da ich auf das Papier in meinen Händen sehe, beginnt hinter uns das Trommelfeuer unserer Artillerie zu brüllen. Ich ziehe den Brief heraus, erkenne die Schrift meines Vaters und lese die wenigen Worte, die mich wie aus einer anderen Welt erreichen, diese schrecklichen, grauenhaften Worte, die nicht wahr sein dürfen:

Helmut ist am 21. November gefallen.

Da kommt der Sturmbefehl. „Zum Angriff, marsch, marsch!"

Als wir aus dem Graben springen und noch unter dem Feuer unserer Artillerie losrennen, schreie ich, so wie alle Soldaten schreien, wenn sie einen Sturmangriff laufen. Sie schreien „hurraaa, hurraaa!" Ich habe die Augen voller Tränen und schreie „Scheißeee! Scheißeee! Verdammte Scheißeee!"

Versprengt

Es wird schon dämmrig. Der Schnee treibt mir ins Gesicht. Ich weiß nicht mehr, wie lange ich schon suche, drei oder vier Tage, oder länger; weiß es nicht mehr so genau. Ich weiß nicht, wo ich bin, ich weiß nicht, wo die Anderen sind, ob nach dem letzten Angriff der Russen überhaupt noch irgend jemand von meinem Haufen am Leben ist. Ich weiß nicht mehr, wie lange ich schon nichts mehr gegessen habe. Es muß Ewigkeiten her sein. Es war noch vor dem großen Angriff. Wir saßen in dem Holzunterstand, den man hier Bunker nennt. Da schob eines abends jemand die Zeltplane zur Seite, die uns als Eingangstür und Schutz gegen den Schnee und die saumäßige Kälte dienen sollte, und außer einer Menge Schneeflokken erschien das Gesicht unseres Essenholers. Sein Bart war voller Eis, seine Augen rot entzündet. Er hatte ein Päckchen bei sich, jenes kleine Päckchen, auf das wir schon so lange und sehnsüchtig gewartet hatten. Er sagte: „Verpflegung kommt!"

Herbert neben mir stiegen die Freudentränen in die Augen. Dann wurde Marmelade verteilt. Für jeden eine Handvoll. Süße, rote Marmelade. Jeder bekam seine Portion auf einem zerknitterten Fetzen Butterbrotpapier. Gierig aßen wir das glibbrige, klebrige Zeug. Das Brot für die Marmelade hatten wir zwei Tage zuvor bekommen. Auf die Butter warteten wir vergebens, da war der Angriff dazwischen gekommen.

Wenn mein Durst zu stark wird, lecke ich etwas Schnee. Ich habe keine Gefühle mehr, friere nur. Die dicke Wolldecke, die ich mir über die Uniform gehängt habe, ist bretthart gefroren. Ich hasse den Schnee und die endlose Weite, diese gottverdammte, unendliche russische Schneewüste. Ich kann in diesem schrecklichen Schneetreiben nichts sehen außer dem weißen Flimmern der unentwegt und dicht fallenden, dicken Schneeflocken. Vorwärts, nur vorwärts, weiter zurück!

Ich bin allein. Wo sind die Anderen? Ich erinnere mich schwach an unseren letzten Sturmangriff, erinnere mich an die aufgerissenen Augen und Münder der Russen, als wir in ihrem Graben um uns stachen, alle zu töten versuchten, die wir dort antrafen. Wir hackten mit den Bajonetten auf sie ein, schlugen mit den Klappspaten um uns. Und nichts, gar nichts erreichte unser Bewußtsein. Es war wie abgeschaltet. Man war nur eine einzige rasende Tötungsmaschine, kein Mensch mehr mit einem realen Wahrnehmungsvermögen. In diesen Momenten des Wahnsinns ist man selbst wie tot. Auch die Ohren vernahmen keinerlei Geräusche, dabei muß es wieder ein gräßliches Geschrei und Geheul gegeben haben. Ich kann mich nicht erinnern, irgendein Geräusch gehört zu haben, kein Schießen, keine Granatexplosion, kein Schreien. Es war immer wieder wie in einem Stummfilm. Und dabei stachen und hackten wir wie die Verrückten aufeinander ein, wir gegen die Russen, in ihrem Graben. Plötzlich waren wir aus dem dichten Schneevorhang aufgetaucht und hineingesprungen, haben sie völlig überrascht.

Wann war das? Vor ein paar Tagen, irgendwann...

Aber auf einmal sprangen von der anderen Seite weitere Russen in den Graben, in dem wir bereits zu einem blutigen Knäuel verworren waren. Weiß der Teufel, woher die auf einmal kamen. Und es wurden mehr und mehr. Überall sah ich Blut spritzen wie Fontänen. Dann waren ihre Panzer da. Wie häßliche, dunkle Urtiere tauchten die T34 aus dem Schneevorhang auf, dunkelgrüne Urtiere mit roten Sternen an den Flanken. Wer das Massaker in dem Russengraben überlebt hatte, rannte zurück. Wir hatten unseren Graben überlaufen, die Russen hinterher. Unsere Auffangstellung konnte ihre Offensive nicht aufhalten.

Irgendwann lief ich nur noch allein durch den Schnee…

Ich kann wieder Geräusche wahrnehmen. Aus ganz weiter Entfernung höre ich das dumpfe Rumoren von Panzermotoren. Und nun irre ich hier herum, weiß noch nicht einmal, ob die Richtung, in die ich gehe, die richtige ist. Nur Schnee kann ich sehen, jede Menge Schnee, aber keinen Horizont.

Endlich sehe ich Menschen. Ihre Arme und Beine haben sie in grotesken Haltungen aus der weißen Landschaft zum Himmel erhoben – Tote eines russischen Angriffs vor einem Monat. Da sitzt noch immer ein MG-Schütze hinter seinem Maschinengewehr. Nur sein Oberkörper ragt noch etwas aus dem Schnee, Helm und Schultern weißbedeckt, und es scheint mir, als wollte er mit dem Schießen noch warten, bis das Tauwetter einsetzt. Er starrt mich mit gläsernem Blick und viel zu blassen Augen an, als ich dicht vor ihm stehe. Ich erinnere mich an ihn. Er heißt Friedrich Schulz und hatte immer wieder von seiner Frau erzählt, von seiner großen Liebe… Irgendwann wird man seiner großen Liebe schreiben, daß ihr Mann an der Front den Heldentod fand.

Da liegen tote Russen – auch Menschen… Ich suche weiter. Aber außer Toter finde ich in dem dichten Schneetreiben niemanden. Rufen darf ich nicht, weiß nicht, wer in meiner Nähe geht oder steht, weiß nicht, wer mich hören würde. Ich bin allein. Ich bin ein Versprengter…

Nur eine Zigarettenpause

Der Morgen graut herauf. Minus zehn oder fünfzehn Grad. Seit letzter Nacht hat es angefangen zu schneien. Der Schneefall ist so dicht, daß man keine zehn Meter weit sehen kann. Und in diesem dichten Schnee ziehen weißvermummte Gestalten durch die endlos weite, flache Landschaft, die sich hinter dem flimmernden Vorhang aus Schnee verbirgt. Alle tragen ihre Gewehre auf dem Rücken, bewegen sich langsam auf Schneeschuhen oder Skiern vorwärts, vor mir, neben mir, hinter mir.

Nachdem uns die Russen zurückgeworfen hatten, bin ich ein Versprengter und auf der Suche nach Überlebenden meiner Einheit. Daß ich

noch lebe, ist ein Wunder. Irgendwie bin ich noch rausgekommen, weiß nicht, wie viele außer mir noch leben und wo sie sind.

Ich bin die ganze letzte Nacht lang durch einen Wald geirrt und hundemüde. Gegen Morgen bin ich irgendwie in diesen Riesenschwarm Soldaten geraten, die auch in dieselbe Richtung ziehen, wie ich. Ich weiß nicht, was das für ein Verein ist, dem ich mich hier angeschlossen habe, gehe einfach nur mit, weiß auch nicht, ob überhaupt einer von uns hier die richtige Richtung kennt. In dem dichten Schneetreiben kann man nicht erkennen, wo die Sonne steht. Wir müßten eigentlich nach Nordwesten marschieren. Aber mir ist alles ganz scheißegal, ich bin viel zu müde, noch irgendwelche Fragen zu stellen, trotte nur mit, hoffe, daß wir bald eine deutsche Stellung mit warmen Unterständen finden.

Der Soldat, der schon seit fast einer halben Stunde neben mir her schlappt, kommt ganz nah zu mir, hält seinen linken Arm vor mich. Wir bleiben stehen. Überall um uns herum ziehen die dickvermummten, weißen Gestalten durch den Schnee. Eine geisterhafte, unheimliche Szenerie. Die großen Schneeflocken fallen immer dichter. Wir beide stehen in diesem Vorhang aus Schnee wie auf einer winzigen Insel. Sie besteht nur aus ihm und mir. Die Anderen, die langsam an uns vorbei weiterziehen, muten an wie Wellen, die unsere Insel umspülen.

Ich sehe, wie er seinen dicken Handschuh auszieht. Dann greift er unter seine weiße Tarnjacke und holt zwei Zigaretten hervor. Eine hält er mir hin. Ich nehme sie – und erschrecke. Machorka! Ich sehe das charakteristische Pappmundstück, sehe, wie der Typ es zwischen Daumen und Zeigefinger zusammenknickt, genauso, wie es die Russen tun.

Dann sagt er etwas, aber ich kann es nicht verstehen. Mir steht fast das Herz still. Schlagartig bin ich wieder hellwach und voll da. Mir wird gleichzeitig heiß. Sofort fällt mir ein, daß ich eine Null-Acht in der rechten Tasche meiner Tarnjacke habe. Aber – bin *ich* zwischen *Russen* geraten, oder *er* zwischen uns *Deutsche*…? Wir sehen doch hier draußen alle gleich aus, besonders in dem dichten Schneetreiben. Soll ich jetzt meine Pistole 'rausziehen, ihm auf die Brust drücken und „ruki wwerch!" sagen? Wenn *ich* es aber bin, der zwischen Feinde geraten ist, bin ich in ein paar Sekunden tot – oder ich gehe in Gefangenschaft.

Ich bin in einen Albtraum geraten.

Er stößt mich an und wiederholt seine Worte, zeigt auf seine Zigarette. Jetzt verstehe ich: Feuer.

Mit der rechten Hand schlüpfe ich aus dem dicken Handschuh, greife in die Tasche. Da ist sie! Ich habe mein Null-Acht in der Hand. Dann entscheide ich mich aber, das Feuerzeug herauszunehmen. Ich halte es vor seine Zigarette, die er jetzt zwischen den Lippen hat. Ich sehe in seine Augen, in leicht geschlitzte, asiatische Augen. Und er sieht in meine. Ein bizarrer Moment. Dann wandert sein Blick zu dem Rand meines Stahlhelms hinauf, der etwas unter der Kapuze meiner Wintertarnjacke hervorragt. Ich sehe den roten Stern an seiner Pelzmütze. Wieder treffen sich unsere Blicke.

Kaum hörbar sagt er: „Germanski…"

Ich nicke kaum merklich. Dann reibe ich mein Sturmfeuerzeug an.

Er saugt an seiner Zigarette. Der hellblaue Qualm quillt aus seiner Nase. Unverwandt sieht er mir in die Augen.

Auch ich setze meine Zigarette in Brand. Ich hebe sie etwas empor und nicke; soll *danke* bedeuten. Er sieht mir in die Augen – mit diesem für uns Europäer nie zu ergründenden, asiatischen Blick. Wir stehen da und rauchen und sehen uns an. Zwei Feinde rauchen mitten im Krieg gemeinsam Zigaretten.

Ich frage mich, ob er weiß, zwischen was für Soldaten wir uns befinden, oder ob er, genau wie ich, sich nur nichts anmerken läßt…

Seit ich an der Front liege, habe ich mir fest geschworen, niemals in russische Gefangenschaft zu gehen. Ich lasse mich auf gar keinen Fall von denen schnappen. Eher würde ich mich erschießen. Ja…, und da ist ja die Pistole in meiner Tasche… Ich könnte sie jetzt immer noch ziehen und ihn umlegen und noch ein paar von ihnen mitnehmen – wenn's denn tatsächlich Russen sind… Ich weiß, daß ich noch acht Schuß in der Pistole habe. Die letzte Kugel wäre dann für mich… Mein Gewehr kriege ich so schnell nicht vom Rücken. Dann wäre es aus.

Wir haben die Zigaretten aufgeraucht. Und was geschieht nun?

Jemand geht in diesem Moment in dem Schneetreiben so nah an mir vorbei, daß er mich heftig anstößt. Er sagt etwas – russische Worte!

Der Typ mir gegenüber nickt, blickt mir dabei fest in die Augen.

Nichts, absolut nichts kann ich seinem geheimnisvollen, asiatischen Blick entnehmen. Dann streckt er mir seine Hand entgegen. Ich bin verblüfft, erwidere den Händedruck. Es ist ein kurzer, fester Händedruck – wie der von Kameraden.

Er deutet nach links hinter mich: „Germanski…!" Dann wendet er sich um und stapft davon, verschwindet in dem dichten Vorhang aus Schnee.

Auch ich gehe, biege aber ganz langsam nach links ab, in der Hoffnung, daß ich irgendwann und unbemerkt aus dem gefährlichen Rudel Russen 'rauskomme und in einem weiten Bogen zurückgehen kann…

Tauwetter

Der verdammte russische Winter ist schon schrecklich, aber wenn das Tauwetter einsetzt, verwandelt sich die Schneewüste in eine einzige Schlammhölle. Nichts geht dann mehr. Es gibt keine Verpflegung hier vorn, weil von hinten keine Wagen mehr durchkommen. Alles versinkt im grundlosen Schlamm. Die Geschütze, die wir brauchen, sind auch im Schlamm versunken, genau wie die Pferde, die sie ziehen sollten…

Vorgestern stand ich auf einem kleinen, flachen, grasbewachsenen Hügel – auf einer Insel inmitten eines Schlamm-Ozeans. Ich beobachtete, wie sich ein Gespann über das völlig verschlammte Land quälte. Die armen Pferde steckten bis zum Bauch im Dreck. Sie schrieen wie verrückt. Wenn Pferde weinen, schreien sie. Es hörte sich grauenhaft an. Und während der schwerbeladene Wagen mit den schmalen Rädern hinter den weinenden Tieren immer tiefer in dem bleigrauen Brei versank, schlugen die beiden Fahrer unentwegt auf sie ein. Sie sollten sich noch mehr anstrengen und den blöden Wagen aus dem Dreck ziehen. Aber die armen Kreaturen sanken selbst tiefer und tiefer in den Morast ein, schrieen nur, konnten sich keinen Zentimeter mehr bewegen. Und die Kerle schimpften und brüllten unentwegt und schlugen weiter auf sie ein, obwohl jeder Idiot sehen konnte, daß die beiden Pferde es trotz aller Anstrengungen nicht mehr zu schaffen vermochten. Sie hatten sich mit dem Wagen ja schon ein paar Kilometer durch den Dreck gequält, und nun waren sie am Ende ihrer Kräfte.

Ich konnte das, was da vor sich ging, kaum noch mit ansehen, konnte nicht mehr sehen, wie die brutalen Schweine unentwegt auf die schreienden Tiere einschlugen. Ein zitterndes Fohlen stand daneben. In meiner Manteltasche legte ich mit dem Daumen den Sicherungsflügel meiner Null-Acht um. Außer denen und mir war weit und breit niemand zu sehen… Aber was würde das nützen? Nur noch mehr Leid.

Da brachen die Pferde vor Erschöpfung zusammen, fielen einfach um. Erst das eine Tier, kurz darauf das andere. Nur ihre Köpfe mit den weit aufgerissenen Augen ragten noch aus dem grauen Dreck.

Nun hörten die Folterknechte endlich auf, auf ihren Pferden herumzuschlagen. Die Tiere gaben auch keinen Laut mehr von sich, waren viel zu erschöpft. Die Zungen hingen ihnen aus den Mäulern, aus denen weißer Schaum triefte. Dann erhob einer der beiden Kerle seinen Karabiner und erschoß erst das eine, dann das andere Pferd. Man konnte nur noch ihre Nüstern in dem Schlamm sehen, in dem

Schlamm, der hier alle Kreaturen besiegt. Eines der Tiere zuckte noch eine Zeitlang.

Als die Kerle dann durch den Matsch davon wateten, ließen sie das Fohlen, das die ganze Zeit über neben seiner Mutter gestanden hatte, einfach zurück. Gibt es hier draußen kein Erbarmen mehr? Gibt es kein Mitleid mehr? Hat Menschlichkeit hier keinen Platz mehr?

Das Fohlen stand mit gesenktem Kopf neben seinem toten Muttertier und stieß es immer wieder an. Ich wußte nicht, was ich tun sollte.

Das war vorgestern.

Und heute? Heute versuchen wir, die toten Kameraden, die während der Angriffe im Winter gefallen waren, aus unserem Graben zu bugsieren. Während des anhaltend starken Frostes hatten wir sie ja nicht beerdigen können. Wo auch? Um Löcher zu machen, hätte man sprengen müssen. Sie lagen nach den Angriffen überall herum, der ganze Graben war voll, so viele waren es inzwischen. Weil der Schnee immer höher lag und wir ihn wegen der Feindeinsicht nicht wegschaufeln konnten, hatten wir die Leichen alle hintereinander in unseren Graben gelegt. Wenn man sich während der Wache vor Erschöpfung setzen mußte, setzten wir uns auf die hartgefrorenen und zugeschneiten Toten. Es gab einige unter uns, die aßen dabei ihre Ration und schlürften die lauwarme Brühe, die man hier allgemein als Kaffee bezeichnet. Ein paar Tage später lagen sie selber da.

Soweit es uns möglich war, hatten wir die erstarrten Körper über die Grabenböschung geschoben, aber dann war die Schneedecke zu hoch geworden, und wir hatten sie nicht mehr 'rübergekriegt. Bis zum Tauwetter hatten sie in häufig recht skurrilen Haltungen dagelegen, und irgendwann hatten wir es aufgegeben, ihre Gesichter mit Planen und Lappen zu bedecken, weil der eisige Wind sie doch immer wieder fortwehte. Und wenn man Tag für Tag die toten Gesichter jener sieht, mit denen man zusammen gegessen, gekämpft, geredet und gelegentlich sogar gelacht hatte, beginnt man abzustumpfen, oder man wird verrückt.

Als das Tauwetter einsetzte, hatten auch sie begonnen, wieder aufzutauen. Jetzt, wo sich alles in Schlamm verwandelt hat, beginnen jene, die wir über den Grabenrand geschoben hatten, wieder in den Graben zurück zu rutschen. Wir waten in der grauen Brühe, die uns bis zu den Waden steht, herum, die Hosen, die Schuhe und die Strümpfe durchnäßt, und versuchen, die jetzt erschlafften Körper hinaus zu kriegen. Als sie noch steifgefroren waren, war das einfacher. Eine verdammte Sauerei ist das. Gerade erst hatten wir endlich einen draußen, da rutscht der Vorherige wieder 'rein. An Beerdigungen ist überhaupt nicht zu denken. Erst war der Boden steinhart gefroren, jetzt ist er nur noch ein stinkender Brei. Wo und wie soll man da graben? Und was wird mit ihnen, wenn es bald richtig warm wird? Das einzig Gute ist nur, daß uns der Iwan zur Zeit in Ruhe läßt. Er hat selbst mit seinen Leichen zu tun.

Man mag den Toten nicht in die Gesichter sehen. Man kennt ja jedes Gesicht. Da ist Günter, der hat immer so laut gelacht, wenn einer einen Witz erzählt hat. Jetzt sind seine Augen tief eingesunken, aber den Mund hat er noch geöffnet. Sieht aus, als ob er noch immer lacht.

Nur ein Schuh

Ich halte einen Schuh in der Hand – einen heilen Schuh. Endlich habe ich einen Schuh gefunden! Er müßte mir eigentlich passen. Wenn ich doch nur den Zweiten dazu hätte. Wenn sie dann irgendwann wieder trocken wären, würde auch ich endlich wieder trockene Füße haben. Sie brauchten gar nicht unbedingt warm zu sein. Das zu hoffen, wäre in dieser gottverlassenen, kalten Schlammhölle vermessen. Wenn ich doch nur wenigstens einmal wieder trockene Füße hätte…

Habe ich eigentlich überhaupt noch Füße? Ich kann sie nicht mehr fühlen. Ich habe Kameraden gesehen, deren Füße waren vom langen Stehen im Schlamm, und weil sie niemals richtig trocken wurden, brandig, völlig schwarz. Sie mußten ihnen abgenommen werden. Ich sehe an mir herunter. Irgend etwas ist da noch. Aber worin stecken meine Füße? Keine Ähnlichkeit mehr mit Schuhen; und meine Hose hat keine Ähnlichkeit mehr mit einer Uniformhose. Ich sehe nur noch eine einzige breiige, klebrige Dreckschicht, nur einen ekelhaften Dreckklumpen, einen verdammten Haufen Dreck. Ich selbst liege im nassen Dreck, bin in diesem miesen Krieg selber nur noch Dreck.

Schlamm, soweit das Auge reicht. Zehn Meter, zwanzig Meter; endlos weit in diesem Nebel nichts als nasser Dreck. Und ich bin ganz allein.

Ich knie im Nebel und sehe die bösartigen, nassen Schneeflocken um mich herumtoben. Ich knie da mit dem Schuh in der Hand, in dem dichten, grauen Nebel, durch den ich gekommen war, durch den ich hierher gekrochen war. Von meinen Händen trieft der Schlamm, und meine Tarnhose ist völlig durchnäßt; darunter noch die Uniform und zwei lange Unterhosen. Alles naß. Meine Knie sind vom langen Umherkriechen zerschunden und meine Beine eiskalt.

Einmal hatte ich versucht, aufzustehen und zu laufen, nur ein paar Schritte zu tun. Ich hatte mir so sehr gewünscht, ein neues Paar Schuhe

zu bekommen. Ja, deswegen war ich fortgekrochen aus unserer Stellung. Endlich einmal wieder aufstehen und ein paar Schritte gehen, doch meine Füße sind so naß und kalt…

Ich weiß nur, daß ich noch Füße habe, weil ich sie als dicke Klumpen am Ende meiner Beine sehe, irgendwo da unter dem Dreck. Ich betaste meine Knie, meine Beine. Die verdammten Läuse haben mir alles zerfressen. Meine Schienbeine eitern schon seit Wochen, zwischen den Beinen ist alles blutig, und meine Füße spüre ich nicht mehr. Nur manchmal habe ich nachts Schmerzen in den Füßen. Doch ich kann und mag mich nicht bewegen, in diesem engen, schlammigen Schützenloch, hier vorn an der Rollbahn.

Wie lange lagen wir denn hier? Am Tage lagen wir im Graben, und nachts immer in diesem verschlammten Loch. Irgendwo vor mir muß der Iwan sein. Oder seitlich von mir? Ich weiß es nicht genau. Ich will auch gar nichts mehr wissen. Wir hier vorn haben uns in dieser Hölle aus Schlamm und Exkrementen das Denken längst abgewöhnt.

Es muß wohl Ende März sein. Am Tage taute der Schnee, und das Wasser lief in unser Schützenloch. Wir schaufelten die schlammige Brühe mit unseren Kochgeschirrdeckeln wieder hinaus. Aber sie lief sogleich wieder herein. Und nachts, wenn es friert, gefrieren unsere Schuhe an den Füßen so hart wie Stein. Anfangs ging es noch. Abends, wenn es dunkel wurde, kletterten wir aus unseren Löchern und suchten weit hinten nach dem Verpflegungswagen. Dabei wurde einem etwas warm, aber nur etwas und nur am Oberkörper, nicht an den Beinen und Füßen. Aber jetzt ist es unerträglich geworden. Wenn man nicht so abgestumpft wäre, könnte man durchdrehen. Oder bin ich schon längst verrückt geworden und bin mir dessen gar nicht bewußt?

Die Tage erscheinen endlos lang, trotz der winterlichen Jahreszeit. Wer weiß schon, wie lang ein Tag sein kann, wie lang eine Stunde oder nur eine Minute sein kann, in so einem kalten Schlammloch, in dem man hockt und wartet – wartet auf den Angriff. Tausendmal haben wir schon gewartet und gezittert und geschossen, wenn sie dann kamen. Dann sind wir über den Acker gelaufen, gehetzt, mit dem schrecklichen *Urräh!* im Rücken. Dann erfolgte unser Gegenstoß. In der Nacht. Und am nächsten Tag mußten wir wieder zurückrennen. Dann kamen wir in eine neue Stellung. Ein, zwei Tage, und wir mußten weiter zurück, in ein anderes Loch. Dann Trommelfeuer, Angriff, *urräh!* und zurück und weiter zurück, immer weiter zurück. Und immer wurden wir weniger.

Wo waren die Anderen geblieben? Wer dann neben einem lag, wußte man nicht, es waren alles Neue aus Deutschland, ganz junge Burschen, oder alte Säcke vom Volkssturm. Ja, wenn der Iwan angreift, bricht die Front sofort zusammen, und es kommen von uns jedesmal nur ein paar Mann durch, die anderen sehen wir nie wieder.

Nun sitzen wir hier fest. Wir? Wo sind die Anderen...? Bei diesem Matsch greift selbst der Iwan nicht mehr an. Aber wenn er jetzt käme, könnte ich keinen Schritt mehr laufen in dieser verdammten Scheiße. Ich kann noch nicht einmal mehr stehen. Meine Schuhe sind so zerfetzt, daß sie jeden Moment auseinanderfallen können. Seit mehr als drei Wochen habe ich schon nasse und kalte Füße, und ich darf nicht aus den Schuhen und aus dem verschlammten Loch heraus. Aber ich muß unbedingt andere Schuhe haben! Herr des Teufels, soll ich denn hier auf so erbärmliche Weise vor die Hunde gehen?

Wo ist der Kompaniegefechtsstand? Etliche Tage versuchte ich vergeblich, jemanden zu finden. Dann war es mir egal. Ich kroch auf den Knien zurück durch den Schlamm und den nassen Schnee. Bin ich denn überhaupt noch ein Mensch? Ich bin nur noch eine elende, verdreckte, verlauste, frierende Kreatur, nichts als ein Haufen Dreck. Kein Hund kriecht so im Dreck herum. Jeder Hund ist besser dran, als wir es hier an dieser verfluchten Front sind, wir armseligen Schweine, wir armseligen Dreckschweine, wir armseligen deutschen Landser.

Gibt es in Deutschland denn überhaupt keine Männer mehr, daß man uns hier vorn so allein im Dreck gelassen hat? Der letzte Selbsterhaltungstrieb ließ mich das schlammige Loch verlassen. Lange habe ich gewartet und mit mir gerungen, doch dann war mir alles egal, ich mußte raus aus dem verdammten, kalten Schlamm, oder ich würde total verrückt werden. Ich mußte irgend jemanden finden, der mir neue Schuhe besorgt. Vielleicht sollte ich zu einem Arzt kriechen. Aber wo ist der Hauptverbandplatz? Doch wenn man dort ohne ernste Verwundung aufkreuzt, muß man damit rechnen, daß man der Feigheit vor dem Feind beschuldigt und bestenfalls wie ein nasser, dreckiger Köter davongejagt wird. Oder sie würden einem drohen, an dem nächsten Baum aufgehängt zu werden, weil man eigenmächtig die Stellung verlassen hatte. Aufhängen und Totschießen – dafür kamen die verhaßten Kettenhunde, die Feldgendarmen, mit ihren blankpolierten Stiefeln und den kleinen Blechschildern auf der Brust. Überall waren sie zu sehen, nur niemals da, wo die Kugeln pfiffen und die Granaten krepierten.

Aber was ist Angst, und was ist Vernunft? Ich glaube, daß ich bereits viel zu abgestumpft bin, um Angst zu empfinden. Nur etwas von dem dumpfen Trieb, weiterleben zu wollen, ist noch in mir.

In diesem Moment werde ich brutal von vier Fäusten gepackt und rücksichtslos fortgezogen, durch den widerlich eiskalten, glitschigen, bleigrauen Schlamm… Ich kann die kleinen Blechschilder klappern hören, die sie an groben Ketten um den Hals tragen, und ich halte den Schuh in der Hand, diesen einen schweren Schuh, den ich gerade gefunden habe, und für einen kurzen Moment so froh darüber war, von dem ich aber leider nur diesen einen fand – und in dem noch ein Fuß steckt, ein abgerissener Soldatenfuß.

Keine Frage des Gewissens

Man hat mich in eine Ritterkreuzstellung abkommandiert.

Wie man als gemeiner Landser immer wieder beschissen wird, erkennt man zum Beispiel an diesen sogenannten Ritterkreuzstellungen. Als solche werden vorgeschobene Positionen bezeichnet, die man beschönigend „Stellungen" nennt, dabei sind es fast immer nur elende Drecklöcher, in die man sich kauern muß, nur selten mit ein paar dünnen Baumstämmen befestigt. Und *Ritterkreuz* deshalb, weil man da vorn meistens hundert oder mehr Meter vor dem eigenen Graben liegt, ohne direkte Verbindung nach hinten und nicht selten unter Feindeinsicht. Folglich ist die Change zu überleben, relativ klein. Wer da nach einem Angriff noch lebend zurückkommt, sollte eigentlich für das Ritterkreuz vorgeschlagen werden. Falls es tatsächlich zu einer Verleihung kommen sollte, erhält es dann nicht selten der zuständige Offizier, der hinten im Graben lag. Ich habe so etwas schon einmal erlebt.

Meistens liegt man da vorn mit einem Maschinengewehr, um bei einem Angriff Flankenfeuer zu geben, das heißt, daß der Iwan bei seinem Sturmangriff auf unseren Graben von den Ritterkreuzstellungen aus seitlich zusammengeschossen werden soll, bevor er überhaupt sein eigentliches Ziel erreichen kann. Aber manchmal wird eine Ritterkreuzstellung auch für Vorgeschobene Beobachter oder Scharfschützen benutzt. Deshalb liege ich nun in so einem gefährlichen Scheißloch.

Das MG'42 steht noch von meinem Vorgänger hier. Als er gestern Abend schon während der Dämmerung und folglich viel zu früh das Loch verlassen hatte, um wieder nach hinten zu kriechen, hatte er von einem russischen Scharfschützen, der seit zwei Tagen dort drüben liegt, ein Explosionsgeschoß verplättet gekriegt. Der Russe hatte ihn noch sehen können… Und vorgestern war's ein anderer Kamerad, den der Iwan hier abgeknipst hat. Seit der letzten Nacht bin *ich* hier.

Es ist noch saumäßig kalt. In der Niederung steht milchigdünner Nebel, und das Tageslicht bricht gerade an. Ich richte mich ein. Zuerst prüfe ich das MG: Mun-Kasten offen, Gurt eingelegt, alles sauber. Ich sehe über Kimme und Korn in das flache Tal hinunter. Aus den vorderen hohen Bäumen kamen gestern und vorgestern die Schüsse. Waren verdammt gut gezielt. Da muß irgendwo so einer wie ich liegen.

Nun lege ich meinen Gewehrputzlappen vorsichtig in die schmale Erdrinne, die ich schon im Dunkeln in den kleinen Außenwall meiner Stellung gekratzt habe. Dann schiebe ich vorsichtig meinen Karabiner mit dem Zielfernrohr darauf. Über das Zielfernrohr habe ich mit einem Gummiband ganz vorn aus dünner Pappe einen Schirm befestigt, weil es nach Osten ausgerichtet ist. Wer immer da drüben liegt, könnte sonst vielleicht das helle Sonnenlicht blitzen sehen, wenn es von dem kleinen, runden Glas reflektiert wird.

Nun warte ich darauf, daß die Sonne hochkommt. Solange sie noch so tief steht, kann ich gegen das grelle Licht und in dem dunklen Schatten der Bäume da unten nichts erkennen.

Als ich irgendwann darüber nachdenke, daß es hier, in diesem Loch, eigentlich ganz schön langweilig ist, durchfährt mich ein Schreck. Ein Soldat, der sich an der Front langweilt, könnte schnell tot sein!

Ich bin wieder voll da. Die Sonne brennt brutal auf mich herunter. Über dem sandigen Boden in der Niederung beginnt die Hitze zu flirren. Bis zu einem Meter Höhe flimmert das ganze weite Land. Aber die Bäume da drüben liegen jetzt wunderbar im Licht. Vorsichtig sehe ich durch mein Zielfernrohr. Von Strauch zu Strauch, von Baum zu Baum suche ich ganz langsam den schmalen Waldrand da unten ab. Ich kann fast jeden Zweig messerscharf erkennen, selbst einzelne Blätter. Ich muß vor mich hin lächeln. Wer soll denn in dem Dschungel da unten eine womöglich auch noch getarnte Person erkennen… Aber halt! Was war das…? Gerade habe ich noch gedacht, daß es unmöglich ist, in dem vielen Grün jemanden zu finden, da wird das Schicksal wieder ironisch. Da…, etwas zurück…, da war doch eben was…

Ich zucke zusammen. In meinem Zielfernrohr habe ich ein formatfüllendes Gesicht. Ich sehe das Zielfernrohr vor dem rechten Auge und darunter die Mündung – die gerade langsam auf mich gerichtet wird.

Mir stockt der Atem. Ich spüre den harten Schlag meines Herzens, höre sein dumpfes Pochen in den Ohren.

Ich stelle den Stecher ein, frage mich, ob der da drüben mich auch gerade erst gesehen hat, oder ist der schon eine Sekunde weiter als ich…?

Fertig. Wenn ich den Abzug jetzt nur ein winziges bißchen anticke, bricht sich augenblicklich der Schuß – und ich *muß* treffen.

In Anbetracht der Tatsache, daß ich mich im Visier des Feindes befinde, erscheint es mir, als ob die Zeit gleichzeitig stillsteht und rasend vergeht. Ich sehe das Gesicht unter der Mütze mit dem roten Stern, und es ist, als ob das Glas seines Zielfernrohres von seinem Scharfschützenauge völlig ausgefüllt ist. Es fixiert mich, so wie ich ihn fixiere. Ich atme aus, halte die Luft an, wundere mich, daß er noch nicht geschossen hat. Hatte ich ihn doch früher gesehen, als er mich? Ganz ruhig! Noch niemals habe ich jemandem, auf den ich schießen will, derart lange ins Auge gesehen. Er sieht mich in diesem Augenblick ganz genau so, wie ich ihn. Auge in Auge. Aber wir haben uns noch niemals vorher gesehen, sind uns nie zuvor begegnet, kennen uns überhaupt nicht, und wollen einander töten – *müssen* einander töten. Gleich verliert seine Mutter ihren Sohn… Ob er noch einen Bruder hat? Ob er in diesen schicksalhaften Sekunden wohl ebenso denkt, wie ich? Als Scharfschütze darf man nicht auf sein Gewissen hören. Dieses ist kein Moment für humanitäre Gedanken. Was ich tue, ist keine Frage des Gewissen, es ist Ausdruck des Kampfes, des unendlichen Ringens auf dieser Welt, des Willens zu überleben. Und wenn ich jetzt nicht abdrücke, wird meine Mutter in der nächsten Sekunde ihren zweiten Sohn verlieren…

Schuß!

Wie in Zeitlupe sehe ich, wie das Glas in seinem Zielfernrohr zerspringt…

Morgen-Grauen

Seit ein paar Minuten liege ich wieder in der vorgeschobenen Ein-Mann-Stellung. Das erste zarte Morgengrauen zieht ganz langsam am östlichen Horizont vor uns herauf. Ich habe kaum schlafen können. Bis in die Nacht haben die Iwans da drüben gesungen. Das heißt, sie hatten wieder jede Menge Wodka an die Front gekriegt – und das bedeutet, daß ihr nächster Angriff unmittelbar bevorsteht; wir kennen das schon. Im Morgengrauen werden sie kommen…

In mir rumort eine sonderbare Unruhe. Aber das hat noch einen anderen Grund: Als ich gestern Nachmittag durch das Zielfernrohr meines

Scharfschützengewehrs zu den beiden anderen vorgeschobenen Stellungen links und rechts von mir gesehen habe, konnte ich eine höchst erstaunliche Entdeckung machen. In dem Loch rechts neben mir, ungefähr zweihundert Meter weiter, hatte ich meinen Onkel erkannt, meinen sympathischen, lieben Walter – ausgerechnet hier! Was für eine Überraschung! Walter ist nur vier Jahre älter als ich. Ein Spitzentyp! Als ich gestern Abend noch unseren Feldwebel gefragt hatte, erklärte er mir, daß Walter zu einem ganz anderen Verein gehört… In diesem Augenblick fingen die Iwans da drüben an zu grölen.

Nun liege ich hier und suche beim ersten zartgrauen Licht des Tages meinen Onkel wieder mit meinem Zielfernrohr. In dem flachen Tal vor uns, in dem die Frösche quaken, liegt noch milchiger Nebel. Aber auf der Anhöhe neben mir kann ich von meiner Seite aus deutlich seinen Kopf sehen. Er hat den Helm abgenommen. Ich sehe sein schwarzes Haar. Er ist es tatsächlich. Walter! Verdammt nochmal, er ist es!

In diesem Moment hören schlagartig sämtliche Frösche auf zu quaken. Was ist los…? Da drüben, bei den Iwans, ist alles völlig ruhig…

In mir meldet sich so ein unangenehm flaues Gefühl… Vor lauter Freude über Walter hatte ich fast die Russen vergessen. Und jetzt geht da unten im Nebel irgend etwas vor sich, sonst hätten die Frösche nicht zu quaken aufgehört…

Ich lade das Maschinengewehr durch. Dabei entsteht ein hartes, metallisches Geräusch, so laut, daß man denkt, es wäre in ganz Russland zu hören. So eine blöde Übelkeit steigt in mir auf. Das ist vorher immer so…

Und dann geht das Urräh-Geschrei los. Da sind sie! Verdammt, da sind sie! Auf breiter Front kommen sie durch den Nebel gelaufen. Unheimlich viele. Wie eine dunkle Welle fluten sie die flache Anhöhe zu uns herauf, immer noch im Dunst, und wegen der gerade über dem Horizont hinter ihnen aufgehenden Sonne nur als schemenhafte, dunkle Gestalten zu sehen. Distanz etwa dreihundert Meter.

Da ist sie wieder, diese verdammte Angst! Sie springt einen an wie ein tollwütiges Tier, die Angst, nun vielleicht sterben zu müssen.

Links von mir hämmert das erste MG los. Unmittelbar darauf beginnt auch Walter zu schießen, dann ich.

Dicht vor mir fliegen in blitzschneller Folge die leeren Hülsen aus meinem MG, kann sehen, wie sich schnell stotternd und rüttelnd von links der Gurt aus der Munitionskiste in meine Waffe frißt. Und da hinten, wo ich das Feuer hinlenke, sehe ich die Russen fallen.

Ich schieße in rascher Folge immer nur kurze Feuerstöße wahllos zwischen die Angreifer, kann somit ständig die Schußrichtung korrigieren. Aber irgend etwas erscheint mir sonderbar... Ich stoppe meine Feuerstöße. Dieses Geschrei hat eine ungewöhnlich hohe Tonlage – und ich kann überhaupt kein Gegenfeuer feststellen. Die Schattengestalten, die von unseren MG's noch nicht getroffen wurden, sind jetzt nicht einmal mehr einhundert Meter entfernt. Nun erst fällt mir auf, daß sie überhaupt keine Helme tragen – und ihre Waffen... sind Mistforken, Äxte, Sensen und Knüppel. Aber sie rennen weiterhin gegen unser Maschinengewehrfeuer an, kommen, um uns zu massakrieren...

Jetzt erkenne ich es genau: Die schwarzen Gestalten, die da im grellen Gegenlicht der gerade aufgehenden Sonne schreiend auf uns zu laufen, sind Frauen und Jugendliche – Frauen und Jugendliche! Keine Soldaten! Welcher Wahnsinn! Wo kommen die alle her? Wir hatten die Infanterie erwartet. Vielleicht sind es Menschen, die vor ein paar Tagen vor unserem Vorstoß geflohen waren.

Ich schieße weiter, ganz automatisch, sehe, wie sie reihenweise fallen; und jene, die nicht fallen, rennen weiter, schreien ihr russisches Hurra, dieses schrille Urräh, das einem das Blut in den Adern gefrieren läßt. Ich höre, wie jemand schreit, „Oh Gott, oh Gott, oh mein Gott!" Und sie sind schon ganz nahe. Wir drei in unseren Löchern schießen wie verrückt, und vor uns fallen die dunklen Gestalten mit ihren primitiven Waffen in den Händen. Immer noch schreit jemand unentwegt, „oh, Gott!" Da erkenne ich, daß ich es bin, der da andauernd schreit. Und während ich schieße, schreie ich weiter: „Warum haut ihr denn nicht wieder ab? Warum verschwindet ihr nicht? So haut doch ab! Lauft doch zurück! Lauft zurück! Lauft zurück! Verfluchte Scheiße!"

Irgendwann ist es still. Langsam komme ich wieder zur Besinnung, ordne meine Gedanken. Mit zitternden Händen wische ich mir die Tränen aus den Augen. Ich höre Seufzen und Stöhnen und aus der Ferne eine Frau hysterisch Worte schreien, die ich nicht verstehe. Ich blicke über den Rand meines Lochs und sehe den Hang hinab, sehe ein Bild des Grauens. Einige der Russen schleppen sich kriechend zurück, andere ziehen junge Kameraden und Kameradinnen mit davon. Dieser grauenhafte, widerliche, gottverdammte Scheißkrieg! Warum haben die das getan? Und warum haben *wir* das getan?

Nach einiger Zeit ist es an dem Hang vor mir still, niemand bewegt sich mehr...

Ich blicke zu Walter's Loch hinüber, kann aber nichts sehen. Ich nehme meinen Karabiner und sehe durchs Zielfernrohr. Nun kann ich Walter ganz klar erkennen. Er hockt aufrecht in seinem Loch. Ohne Helm. Er nickt ständig vor sich hin. Seine Haare sind schneeweiß.

Erst zwei Tage später gelingt es mir, etwas von meinem Onkel zu erfahren: Als abends die Ablösung zu seinem Loch gekommen war, hatten sie ihn tot aufgefunden. Eine Ursache für seinen Tod hatte man nicht feststellen können.

Zum Hauptverbandplatz…

Wir tragen ihn schon seit drei Tagen, Heinz Utzelmann und ich. Durch die verdammten Sümpfe schleppen wir ihn. Pripjet, ein langer und breiter Fluß, der das ihn umgebende, flache Land in ausgedehnte Sümpfe verwandelt hat. Was für eine Hölle der Natur! Sumpf, nichts als Sumpf, und kaum festen Boden unter den Füßen. Dieser widerliche, warme Brodem und die verfluchten Mücken! Sie zerstechen uns, und wir können uns noch nicht einmal wehren, weil wir die Trage mit dem Jungen schleppen. Meyer heißt er. Seinen Vornamen kenne ich nicht, ist ja auch erst ein paar Tage bei uns. Er ist wieder einer von den unerfahrenen Neuen, die gleich in den ersten Tagen einen verplättet kriegen.

Bis zur Brust hatten wir vorgestern in dem schwarzen Wasser des riesigen Sumpfgebietes gestanden, auf unseren wunden Schultern die von uns aus rohen Birkenästen und einer Zeltbahn selbstgefertigte Behelfstrage. Darauf liegt das arme Schwein. Der Junge ist gerade erst achtzehn. Ein Granatsplitter hat ihm den ganzen rechten Oberschenkel aufgerissen. Und da überall in dieser Gegend der Iwan herumläuft, waren wir in den Sumpf ausgewichen.

Ich war als Melder unterwegs gewesen und habe eine Landkarte und einen Kompaß in der Tasche. Aber ich kenne mich ohnehin etwas aus und weiß, wo unser Hauptverbandplatz zuletzt lag. Während ich zu einer anderen Einheit unterwegs war, wurde der Rest unseres Haufens von den Russen überrascht und völlig aufgerieben. Als ich zurückkam, fand ich als einzige Lebende nur noch Utzelmann und Meyer vor. Heinz hatte dem Jungen provisorisch das Bein verbunden. Hier liegen alle Einheiten wegen des unwegsamen Geländes ziemlich weit verstreut, so weiß man nicht, ob und wann jemand kommt, der helfen kann.

Viel Blut hat Meyer noch nicht verloren, aber wenn man Hunger hat, hält man bei schlimmen Verwundungen ohnehin nicht lange durch. Und wir haben nichts zu essen, haben alle Hunger. Bis zum Morgen hat Meyer noch gestöhnt, manchmal leise „Mutti" gesagt. Als er uns das letzte Mal angesehen hatte, war sein Blick müde und leer, und ich denke, daß es gut ist, daß seine Mutter ihren Sohn so nicht sehen kann, so blutig, so matt und so hoffnungslos.

Langsam lassen auch unsere Kräfte nach. Gut, daß wir den Sumpf nun verlassen konnten. Wir sind noch völlig durchnäßt, verdreckt, und jeder Muskel tut uns weh. Wir haben Kohldampf bis unter die Arme, und durstig sind wir. Unser letztes Wasser haben wir vor drei Stunden dem Jungen gegeben. Aber es ist nicht mehr weit bis zum Hauptverbandplatz, nur noch ein paarhundert Meter. Nur noch über die große Lichtung da hinten…

Vor zehn Minuten hatten wir noch einen Kameraden von der Artillerie getroffen, der hat bestätigt, daß wir bald beim HVP ankommen, daß er überhaupt noch dort liegt. Er hat auch gesagt, daß für uns keine Gefahr besteht, weil es hier überhaupt keine Iwan's mehr gibt.

Utzelmann und ich taumeln weiter, den Schwerverwundeten auf unserer krummen Trage. Aber jetzt müssen wir ihn, Gott sei dank, nicht mehr auf den Schultern schleppen, sondern können ihn am lagen Arm zwischen uns tragen. Utzelmann vorn, ich hinten, in immer noch nassen Uniformen. Nach dem weiten Weg schmerzen die Schultern. Lange können wir so nicht mehr weitermachen. Wir merken, daß unsere Kräfte am Ende sind. Aber wir werden es noch schaffen, wir werden unseren jungen Kameraden zum HVP tragen, verdammt noch mal; wir haben ihn doch nicht zwei Tage lang umsonst durch den Sumpf geschleppt!

„Halt durch!", sage ich, „halt durch, wir sind gleich da."

Und damit meine ich nicht nur Meyer, sondern auch Utzelmann, der, genau wie ich, mächtig keucht.

Nur noch über die große Lichtung…

Eigentlich sieht es hier schön aus, so gar nicht nach Krieg. Ringsumher herrlich grüne Birken. Russischer Frühling.

Als wir die Mitte der Lichtung erreicht haben, können wir über den Bäumen vor uns eine kleine Fahne wehen sehen – eine weiße Fahne mit einem roten Kreuz darauf.

Eine Lerche steigt vor uns in den wolkenlosen, blauen Himmel auf und singt ihr wunderschönes Lied. Man hatte ganz vergessen, daß es auf dieser Welt auch noch etwas Schönes gibt.

Da macht der Junge endlich wieder die Augen auf, blickt hinauf zu dem kleinen Vogel. Dann sieht er mir in die Augen.

Ich sage: „Wir haben's gleich geschafft. Man kann den HVP schon sehen. Die werden dir helfen, und dann wirst du in die Heimat geschickt. Freu' dich d'rauf!"

Er lächelt müde: „Danke, Kameraden… Danke, daß ihr mich gerettet habt."

Er schließt wieder die Augen, lächelt weiter.

Abrupt bleibt Utzelmann stehen, blickt nach links. Da sehe ich es auch – das dunkelgrüne Ungeheuer, daß dort hinten zwischen den Bäumen steht. Mein Herz klopft plötzlich bis zum Hals hinauf. Da hören wir das leise Sirren, das ein Panzerturm erzeugt, wenn er sich dreht…

Wir sehen, wie das Rohr des T34 perspektivisch immer kürzer wird, bis es als solches gar nicht mehr zu erkennen ist. Man sieht nur noch ein häßliches, schwarzes Loch – die Mündung.

Wir wollen laufen, aber unsere wenigen Kräfte lassen das nicht mehr zu. So versuchen wir, wenigstens schnell weiter zu wanken. Unser Atem geht hastig, wir keuchen laut. Als ich wieder nach links blicke, kann man das Rohr des Panzers wieder in seiner ganzen Länge sehen.

„Da! Heinz, da! Sieh nur!"

Utzelmann blickt hinüber und verlangsamt wieder den Schritt. Sollten die Iwan's gesehen haben, daß wir im Moment alles andere als wehrhafte Feinde sind? Natürlich sehen sie das! Natürlich sehen sie, daß wir völlig durchnäßt sind und ein elendes Bündel Mensch schleppen, dessen junges Leben dringend auf Hilfe angewiesen ist. Natürlich sehen sie das alles ganz genau. In dem Russenpanzer sitzen doch auch nur Menschen.

Nur noch etwa zweihundert Meter, dann kommen wir drüben am Waldrand an, dort, wo auch unser Hauptverbandplatz liegt. Es gibt doch noch Menschlichkeit inmitten des Wahnsinns. Und diese Menschlichkeit seitens des Feindes spornt uns noch einmal zu schnellen Schritten an. Zwischen meinem eigenen lauten Hecheln höre ich Utzelmanns röchelnden Atem. Die Anstrengung raubt uns fast die letzte Kraft, macht schwindlig. Ich sehe auf den Jungen vor mir, aus dessen Verband seit zwei Tagen stetig sein dunkles Blut sickert. Ich keuche: „Du wirst deine Mutter wiedersehen… Ganz bestimmt… Du wirst sie wiedersehen…, und sie wird dich in ihre Arme nehmen…, und sie wird dich küssen…, und…"

Utzelmann bleibt stehen, schwankt. Wir keuchen. Ich sehe Utzelmanns Gesicht im Profil. Er blickt nach links. Seinen Mund hat er weit aufgerissen – und seine Augen. Es ist, als würde er schreien, aber ich höre keinen Laut, nur das leise Sirren des Panzerturms…

Als auch ich hinübersehe, blicke auch ich wieder in die bösartige, häßliche, schwarze Mündung des Panzerrohres. Dann ist sie plötzlich gleißend hell, nur für eine Zehntelsekunde.

Ein harter Schlag erschüttert meinen ganzen Körper. Es ist mir, als würden meine Arme abgerissen. Gleichzeitig der Knall der krepierenden Granate. Meine Augen werden von einem gelben Blitz geblendet. Alles geschieht etwas schneller, als mein Bewußtsein es erfassen kann.

Dünner Qualm hängt in der Luft, und sie schmeckt jetzt bitter. Mir schmerzen die Finger, die Handgelenke, die Arme, bis zu den Schultern.

Dann sehe ich Utzelmann vor mir. Er blickt immer noch nach links, zu dem bewegungslosen Ungeheuer am Waldrand, über dem jetzt eine kleine, schmutziggraue Rauchwolke steht. Die Trage, die wir zwei Tage lang mühsam geschleppt haben, ist weg, einfach nicht mehr da – der Junge auch.

Ich spüre etwas warmes in meinem Gesicht. Als ich es abwische, ist es Blut. Alles ist voll Blut. Utzelmann's ganze Rückenpartie ist rot, mein Oberkörper vorn auch. Dickes Blut tropft an uns herunter, und überall kleben kleine Fleischfetzen. Aber wir beide haben wundersamerweise keinen einzigen Kratzer abbekommen.

Ich sehe Tränen über Utzelmann's Wangen laufen. Von seiner linken Schulter hängen Gedärme herab.

Verbrannte Erde

Zurück, zurück, nur zurück; Tag und Nacht immer nur zurück!

Unsere Front ist eingebrochen, der Russe überschwemmt das Land mit seinen Panzern und der Infanterie.

Wir fluten in einer unglaublichen Unordnung zurück. Infanteristen, Artilleristen, Kavalleristen, dazwischen hin und wieder ein Fahrzeug, meistens mit Offizieren, die Augen voller Angst. Jeder will nur fort. Links und rechts der Landstraße endlose Reihen von Fahrzeugwracks. Ausgebrannte Panzer, zerschossene Wagen. Dazwischen immer wieder Menschen- und Pferdeleichen. Überall Feuer, überall Qualm. In meiner Nähe laufen Landser mit lodernden Fackeln und müssen in diesem auf beiden

Seiten so erbarmungslos geführten Vernichtungskrieg einen der schreck-lichsten Befehle ausführen: *Verbrannte Erde.*

Es ist Erntezeit, doch statt reifer, üppiger Kornfelder sehe ich nur haushohe Flammen, die bis zum Horizont in den Himmel aufsteigen. Er ist derart schwarz vom Qualm, daß stellenweise noch nicht einmal die Sonnenstrahlen den Erdboden erreichen. Der Qualm raubt einem fast den Atem, brennt in Lunge und Augen. Überall in den kleinen Dörfern lodern gewaltige Flammen aus den Strohdächern armseliger Hütten.

Wenn die Hütten abgebrannt sind, stehen hinterher nur noch die Natursteinkamine mit den rußgeschwärzten hohen Schornsteinen im Gelände. Sie sehen aus wie überdimensionale Grabsteine – eindrucks-volle Mahnmale gegen den Wahnsinn.

Frauen schreien und rennen hinter ihren völlig verängstigten, weinend umherlaufenden Kindern her. Alles ist durcheinander geraten, alles ist nur noch eine einzige, irrsinnige Apokalypse, in die jeder Mensch auf die-sem Weg geraten ist. Nichts soll übrig bleiben, das dem russischen Vor-marsch noch nützlich sein könnte, doch bringt uns dieser Befehl in ganz persönliche Konflikte. Hier ist ein zweckverfolgender Befehl auszuführen, und einerseits entlädt sich dabei die ganze, von den Grausamkeiten der Russen an der Front aufgestaute Wut, andererseits sind wir Landser der Wehrmacht, Soldaten, keine Marodeure.

Ich sehe, wie ein kahlköpfiger Oberfeldwebel mit einer fast leeren Schnapsflasche umherwankt. Dann wirft er seine Fackel mit einer trägen Bewegung durch die Scheiben eines geschlossenen Fensters, und mit geradezu unheimlicher Schnelligkeit schießen die Flammen heraus.

Der Oberfeldwebel ruft: „Befehl ist Befehl! Scheißbefehl!"

Kilometer für Kilometer nur Horror und Elend; ein Elend, das in diesem millionenfach verfluchten Krieg nicht auch noch hätte sein müssen. Da kniet eine alte Russin händeringend vor ihrer armseligen Hütte im Dreck der schmutzig-lehmigen Landstraße. Ein offenbar mühseliges und ent-behrungsreiches Leben hat ihr ein Meer von Falten in ihr verzweifeltes, tränenüberströmtes Gesicht geprägt. Mit weit aufgerissenen Augen und zahnlosem Mund ruft sie etwas, das im Prasseln des gräßlichen Feuers untergeht.

Ich erinnere mich der Worte Victor Hugo's, der einst schrieb:
Trauriger als einen brennenden Palast, ist es, eine brennende Hütte zu sehen.

Diese wirklich armen russischen Bauern haben niemals etwas gegen uns unternommen, erschienen mir immer freundlich, waren sogar hilfs-

bereit. Und was wird ihnen nun angetan? Selbst unter den Härtesten von uns gibt es noch so etwas wie eine Soldatenehre, und dieser grausame Befehl der *Verbrannten Erde* verstößt geradezu elementar dagegen. Dieser Feldzug ist ein reiner Vernichtungskrieg – auf beiden Seiten.

Fassungslos sehe ich diesen verdammten Wahnsinn schon seit Tagen mit an. Aber Grausamkeit ist nun mal keine Frage der Nationalität; das habe ich in diesem Scheißkrieg auch gelernt.

Ich hatte mal mit einem Kameraden in einer Ritterkreuzstellung gelegen, der auch so ein altes Frontschwein war, wie ich. Er hatte wirklich was auf dem Kasten. Typen wie den trifft man leider nur selten. Wir lagen da in unserem Loch und haben über die Menschen philosophiert, und er sagte: „Die schlechtesten Zivilisten sind die besten Soldaten – die machen alles."

Dann sagte er noch: „Die wirklich guten Soldaten, die man trifft, die zu echten Kameraden werden, leben meistens nicht lange – weil sie zu human sind."

Noch nicht einmal eine Stunde später war er selber tot. Er hatte sich in dem verdammten Loch aufgerichtet und gesagt: „Hör' mal, Hans, da singt ein Vogel…! Ist das nicht wunderbar?"

Sein Verlangen nach einem schönen Moment war stärker als die Vorsicht – und das nach mehr als zwei Jahren an der Front. Aber gerade deshalb ist für uns alte Frontschweine diese Sehnsucht nach Frieden, Ruhe und Geborgenheit inzwischen fast unerträglich geworden. Nur ein einziges, kleines Geschoß, das an diesem Tag in der ganzen Gegend weit und breit abgefeuert wurde, hatte seinen Helm seitlich durchschlagen. Dann saß er da, den Kopf im Nacken und noch immer zum Himmel aufblickend. Von seinem Ohr tropfe Blut. Aber er lächelte.

Im Laufe der Tage konnte ich in unserer schier endlos langen Kolonne so weit nach vorn vorstoßen, daß ich jetzt einigermaßen unbeschädigte Häuser und bessere Luft zum Atmen vorfinde. Ich bin nun ziemlich vorn, bei den Esten.

Wir kommen in ein Dorf, deren Häuser zwar vom Krieg gezeichnet, aber noch nicht von der verbrannten Erde erfaßt wurden. Ganz ruhig ist es hier. Offenbar wurde dieses Dorf von seinen Einwohnern verlassen. Keine Menschenseele da. Vielleicht hatte man sie gewarnt.

Seit zwei Tagen gehe ich nun schon zusammen mit einem sympathischen Leutnant, der, genau wie ich, den Wahnsinnsbefehl der *Verbrannten Erde* scharf verurteilt. Aber wir sehen auch noch viele andere Landser, die sich an diesem schrecklichen Unternehmen in keiner Weise beteiligen, gleichermaßen einfache Soldaten wie Offiziere. Es wird kaum gesprochen. Was sollte man sich auch sagen – daß alles umsonst war? Aber es ist auch keine reine Resignation, denn schließlich geht es nach Westen, in Richtung Heimat. Das Schlimme ist nur, daß der Russe hinter uns her ist. Man fragt sich, wie das alles mal enden wird…

Wir alle haben Hunger, haben, wie so oft in diesem endlosen Rußlandfeldzug, schon seit mehreren Tagen nichts Richtiges mehr gegessen. So gehe ich in eine der leerstehenden Panje-Hütten, um nach etwas Eßbarem zu suchen. Es sind kleine Holzhäuser, die oft lediglich aus nur einem einzigen Raum bestehen. Ich öffne die Tür und erschrecke – erschrecke mich vor einer grauen Katze. Viel Schreckliches habe ich in diesem verdammten Krieg gesehen, und viel Leid. Aber diese arme Kreatur zu sehen, verkrampft mir das Herz.

Das Tier sitzt in der Mitte des sonst fast völlig leeren Raumes. Es hat ganz offensichtlich große Mühe, aufzustehen, kippt immer wieder um, denn es besteht nur noch aus Knochen, die sich scharfkantig unter seinem struppigen Fell abzeichnen. Aus tiefliegenden Augen sieht mich die Katze an, gibt ein leises, klägliches Miauen von sich. Dieses Tier muß schon seit vielen Wochen nichts mehr zu fressen bekommen haben. Als die Menschen eilig von hier fortgingen, mußte man sie wohl vergessen und versehentlich eingeschlossen haben.

Ich weiß, daß Katzen ganz besonders robuste Tiere sind, aber so etwas hätte ich niemals für möglich gehalten. Auf unsicheren Pfoten, bei jedem Schritt einknickend, schwankt sie zu mir, lehnt sich an mein Bein. Dann fällt sie um. In diesem Moment bin ich ihre letzte Hoffnung. Doch woher soll ich etwas zu fressen für das Tier bekommen. Ich habe ja selbst nichts. Und wenn bald die Brandstifter kommen, was wird dann aus ihr? Eine Fackel wird hereinfliegen, und das Tier wird eines noch grausameren Todes sterben.

Ich bücke mich zu ihr herunter, streichle sie ganz behutsam, spüre die spitzen Knochen unter dem dünnen Fell. Wieder gibt sie ein schwaches, leises Miauen von sich. Sie liegt da, scheint zu warten. Ich sage: „Jeder hat auf dieser Welt sein ganz eigenes Schicksal. Du deines, und ich habe meines. Und jeder stirbt auf seine ganz eigene Weise, so wie es sein Schicksal bestimmt hat. Und dein Schicksal hat mich zu dir geführt. Ich frage mich nur, ob ich zu spät oder noch früh genug gekommen bin. Aber so oder so – vergib mir bitte…"

Sicher waren das die einzigen deutschen Worte, die diese bedauernswerte, kleine Kreatur in ihrem Leben vernommen hat. Und weil ich es für besser halte, daß es die Anderen erst gar nicht sprechen hört, nehme ich meinen Karabiner von der Schulter…

Als ich die Panje-Hütte wieder verlasse, sehe ich die Fackelträger kommen. Hinter ihnen brennen alle Häuser und Hütten.

Im Vorhof der Hölle

Jetzt hab' ich ihn endlich erreicht, jetzt bin ich endlich beim Hauptverbandplatz angekommen. Fast zwei Stunden habe ich bis hierher gebraucht. Langsam setzt die Abenddämmerung ein, und von der entfernten Front hören sich die Geräusche des unentwegten Kampfes an, wie ein ständiges Rumoren in einem riesigen Schrotthaufen.

Sie haben mich nach hinten geschickt, weil ich derart fertig bin, daß mein Feldwebel Sorge hatte, daß ich da vorn, im vordersten Graben, glatt verrecke. Seit Wochen unterernährt, seit Tagen schon das Wolhynische Fieber, seit Wochen die Ruhr; die zehrt einen am meisten aus.

Ich habe ziemlich lange suchen müssen bei dieser Saukälte, bis ich den HVP endlich gefunden habe. Wehe den armen Kerlen, die schwerverwundet hierher gebracht werden müssen. Für viele von ihnen könnte der Weg zu weit sein. Meinem Bruder war es auch so ergangen. Ein Granatsplitter hatte ihm die linke Schläfe aufgerissen. Auf dem weiten Weg zum HVP ist er im Funk-Spähwagen verblutet.

Als ich das eine einzige Mal im Heimaturlaub nach Hause gefahren war, hatte meine Mutter in ihrer Küche schweigend eine Schublade aufgezogen, in der seine Brieftasche lag. Sie war noch immer in völlig von seinem Blut durchtränkten Zeitungspapier eingewickelt. Alles war längst eingetrocknet. Ein Kamerad hatte sie persönlich bei ihr abgegeben. Selbst nach den vielen Wochen hatte unsere Mutter noch nicht die Kraft gefunden, Helmut's Brieftasche auszuwickeln und zu reinigen. Wir nahmen uns in die Arme und weinten. Danach bin ich nie wieder in den Heimaturlaub gefahren.

Nun habe ich endlich unseren Hauptverbandplatz erreicht. Man hatte ihn sicherheitshalber in einem riesigen Granattrichter errichtet und in der Mitte eine kleine Blockhütte gebaut. Über der Hütte weht eine kleine Fahne, die ihre Immunität anzeigte, den Schutz des Roten Kreuzes. Aber was bedeutet das hier draußen schon? Das Fähnchen ist wohl eher für uns zur Kennzeichnung gedacht.

Verbandplatz

Ich hab' mich bis hierher geschleppt, und nun will ich den kürzesten Weg nehmen, muß mit letzter Kraft und auf allen Vieren über den unregelmäßigen, steinhart gefrorenen Erdwall des Granattrichters klettern. Ich will, daß mir endlich geholfen wird, so schnell wie möglich, ich will hier nicht noch im letzten Moment zusammenbrechen und krepieren. Mir geht's saubeschissen.

Mühsam krabbele ich auf den nur etwa eineinhalb Meter hohen, von dünnem Schnee bedeckten Wall aus Erde und Gesteinsbrocken. Noch während ich mich, vom Fieber schweißbedeckt, abmühe, vernehmen meine Ohren ein grauenhaftes Stöhnen. Dann erreiche ich die oberste Kante des Walls – und blicke in einen Kral aus Blut. Ich sehe mehrere Hügel aufeinandergeworfener Arme und Beine, und dazwischen so an die zwanzig schrecklich zugerichtete Schwerverwundete, die von Sanitätern auf den Tragen ohne irgendeine Ordnung abgestellt wurden. Sie stöhnen derart, daß einem das Blut in den Adern gefrieren könnte.

In diesem Moment kommen gerade zwei Sanitäter. Auf ihrer Trage liegt etwas, das nur noch entfernt Ähnlichkeit mit einem Menschen hat. Es bewegt sich nicht mehr. In der Luft hängt der unangenehme Geruch von Blut und Fäkalien – dieser Scheißgeruch nach Tod.

Ein Arzt mit einer Brille tritt aus der Hütte. Von seiner vorher weißen Gummischürze trieft das Blut nur so herab. Er wirft ein abgesägtes Bein, dem schon der Fuß fehlt, neben die Hütte, wischt sich die Hände am Hemd auf seinen Schultern ab. Beide Arme sind bis weit über die aufgekrempelten Ärmel voller Blut. Er zündet sich eine Zigarette an.

Aus der Hütte kommen zwei Sanitäter; sie tragen Einen, dem beide Beine fehlen. Ein dritter Sani bringt noch ein großes Stück eines anderen Beines heraus, offenbar einen Oberschenkel.

Unablässig stöhnen die Verwundeten. Da erkenne ich in der abendlichen Dämmerung, daß man sämtliche Fensterausschnitte der Hütte ganz dicht zugestopft hat, sicherlich wegen der Kälte – zugestopft mit amputierten Beinen und Armen. Ein bizarrer Anblick, und mir kommen makabre Gedanken. Es mutet an, als wären gerade etliche Menschen dabei, alle zusammen durch die Fenster hineinzukriechen, und man sieht nur noch ihre Füße, während andere gleichzeitig versuchen, sich, die Arme und Hände voraus, aus demselben Fenster herauszuzwängen. Und dabei das gräßliche Gestöhne.

Neben der Eingangstür ein Riesenhaufen blutiger Verbände. Auf der anderen Seite der Tür steht eine große Holztonne. Doch das fleischige, blutige Zeug, das daraus hervorquillt, ist völlig undefinierbar. Mir wird schlecht. Ich wende mich ab. Nun erst fällt mir auf, daß hier außerhalb des HVP's überall kleine Hügel aufgeworfen sind. Aus einigen ragen Beine, aus anderen Arme und Hände. Notbestattungen.

Mein Zustand ist zu schlecht, als daß ich den Rückweg zu meinem Verein noch schaffe. Obwohl sich alles in mir dagegen sträubt, krieche ich über den Wall – hinab in den von Gott verlassenen Vorhof der Hölle…

Konfrontation mit dem Unheimlichen

Sie liegen alle Drei auf einem Holzkarren. Liegen einfach so da, auf dem Rücken, so unverständlich selbstverständlich. Einer, dessen Kopf über den Rand des zu kurzen Karrens nach unten hängt, hat die Augen noch geöffnet und stiert schräg nach rückwärts, hinauf in die Luft. Er ist der größte von den Dreien; er war überhaupt der größte von der ganzen Kompanie gewesen. Er wollte so gern Unteroffizier werden, obwohl er gar kein soldatischer Typ war, als er noch lebte. Jetzt ist er steif und liegt auf dem Karren. In der Mitte. Neben ihm die beiden anderen. Sie paßten gerade noch mit drauf. Es ist ein zweirädriger Holzkarren, auf dem sie liegen. Sie sind noch nicht einmal zugedeckt worden, und das ist das Schrecklichste daran, so einfach daliegen gelassen, steifgefroren und nicht mehr beachtet von denen, die noch leben und immer wieder wie geisterhaft aus dem milchigen Nebel der Dämmerung auftauchen und in einem der kaum zu erkennenden Bunkereingänge verschwinden, denn man darf hier nicht so einfach durch die Gegend gehen, weil uns der Feind einsehen kann.

Unser Verein steckt irgendwo in den Unterständen in Deckung, nur die drei Figuren liegen allein auf dem Karren neben dem Haus, eingefroren in abstrakten Körperhaltungen, und nehmen keine Kenntnis mehr von der Welt, so wie die Welt keine Kenntnis mehr von ihnen nimmt. Wieso gibt es noch nicht einmal eine alte Zeltbahn für die Drei, die gestern noch unter uns waren und bald hinter dem alten Schuppen abgelegt werden? Gestern standen sie noch mit uns in einer Reihe, um ihr weniges Essen, das längst kalt geworden war, in den blechernen Kochgeschirren zu empfangen. Heute sind sie tot.

Die Dunkelheit kommt jetzt schon sehr früh, und die Nächte sind lang, und wir stehen die meiste Zeit auf Wache. Es gibt zwischen unserem Bunker und diesem primitiven Leichenwagen nur einen schmalen, ausgetretenen Pfad im Schnee. Ich gehe wieder hierher zu dem Karren, auf dem die drei starren Körper liegen. Der Schnee ist ziemlich hoch. Ich muß, ob ich will oder nicht, immer wieder hinsehen, und das Komische ist, daß ich mich darüber wundere, daß sie nicht einfach aufstehen und mit mir sprechen. Verdammt, wenn ich doch bloß diese grausame Konfrontation mit dem Unheimlichen vermeiden könnte!

Wir sind zwei Mann auf Doppelposten, und die Zeit wird uns lang. Wie lang sie einem werden kann, versteht nur wirklich, wer so wie wir in der Kälte die Minuten zählte, bis die zwei Stunden zur Wachablösung vorüber sind. Dann dürfen wir zwei Stunden schlafen, um hinterher wieder zwei elend lange Stunden auf und ab zu gehen, zwei Stunden zitternd mit zwischen die Schultern gezogenem Kopf, den Kragen hochgeschlagen, mal ein paar Worte flüsternd, meistens ein Fluch, was sonst, in dieser trostlosen Nacht. Wir liegen dicht hinter der Front, in der Auffangstellung, als Reserve. Und immer wenn vorn eine Leuchtkugel aufsteigt, ist ihr Licht nur gerade so hell, um die Umrisse unseres Holzbunkers zu erkennen und den Karren zu sehen, auf dem der Unteroffiziersanwärter und seine zwei Kameraden liegen. Für sie ist jetzt alles aus und vorbei, sie haben jetzt keinen Hunger mehr, müssen nicht mehr auf Wache ziehen, empfinden keine Kälte und Angst – fast könnte man die Drei beneiden. Aber so etwas darf man gar nicht erst denken, dennoch tue ich es immer wieder und wieder und wieder. Wenn ich dann im schwachen Licht der Leuchtkugeln seine toten Augen sehe, die mich schräg von unten anstarren, dann sehe ich darin noch immer das Grauen, das er empfunden haben mußte, als es ihn traf. So sehen also die Helden aus, und so ehrlos werden sie hier vorn behandelt. Furchtbar, daß man die Drei so einfach auf dem Karren liegen läßt, so als ob sie nur eine Fuhre Mist wären. Wie kann man so gleichgültig sein, ist denn eine Leiche kein Mensch mehr?

Merkwürdige Gedanken kommen mir bei der langen Betrachtung der Toten. An was man hier so alles denkt, über den fragwürdigen Sinn unseres Lebens und die menschliche Natur, die, wenn sie tot ist, kein Mensch mehr ist, obwohl sie noch eine Zeitlang menschlicher Gestalt bleibt, mit denselben Augen, denselben Händen – aber ohne Gedanken, ohne diese schrecklichen Gedanken.

Wolltet ihr uns, in denen noch das Leben pocht, mit eurem Tode zeigen, wie wertvoll dieses Leben in Wahrheit ist, besonders in der Zeit, als man noch kein Soldat war? Irgendwie unterliege ich dem verdammten Zwang, unverwandt in die kalten, glanzlosen Augen zu sehen, die mich, wie es mir erscheint, so unbarmherzig, wie anklagend, von unten anstarren. Dann sage ich: „Warum mußtest du blöder Hund dich auch freiwillig für den Spähtrupp melden; nur weil du Unteroffiziersanwärter warst?

MINEN
Strafkompanie

Warum mußtest du dich freiwillig zu etwas melden, das von vornherein unsinnig war? Warum hast du Blödmann denn nicht auf uns erfahrene Frontschweine gehört? Hier vorn meldet man sich zu gar nichts freiwillig!"

Ich bin nun schon weit mehr als ein Jahr an der Front – er war es nur ein paar Tage, und die beiden anderen auch.

Eine Begebenheit an der Malayja Pesotschna

Sie ist nur ein flacher aber breiter Bach, die Malayja Pesotschna, und an dieser Stelle eingebettet in eine weitläufige, nur wenige Meter tiefe Bodensenke. Am jenseitigen Ufer war gestern eine Strafkompanie damit fertig geworden, einen Minengürtel anzulegen.

Ich hab' sie gesehen, die armen Hunde, deren Leben in diesem Verein nur noch einen Scheißdreck wert ist, und die Kerle mit ihren blitzblank polierten Stiefeln, die sich lauthals aufschwangen, diese Schwachen zu schikanieren, zu demütigen und zu quälen – deutsche Landser, die tapfer an der Front gestanden hatten. Ich habe hier, im Frontbereich, verdammt viel Elend gesehen, viel Schreckliches, aber das, was man in diesen Strafkompanien mit uns Landsern macht, ist mehr als entwürdigend. Nur ein einziges kleines, falsches Wort, und schon wird man in eine Strafkompanie gesteckt, geschweige denn, die Nerven gehen einem durch und man rennt vor Angst davon, und Angst haben hier alle, und das wahrhaftig nicht ohne Grund. Ich habe die Kettenhunde gesehen, wie sie reihenweise junge Männer erschossen haben, nur weil sie Angst hatten, gotterbärmliche Angst, und die nach ihrer Mutter geschrieen haben, als die Granaten um sie herum einschlugen. Ich habe junge Männer mit ergrauten Haaren und wie Greise am ganzen Körper zitternd gesehen, habe erlebt, wie man Soldaten, die vom Krieg die Schnauze restlos voll hatten und nicht mehr in der Lage waren, noch zu kämpfen, einfach ohne jeden Prozeß und ohne eine Verurteilung aufgehängt hat. Ich habe mit angesehen, wie man Familienväter, die in dem sie umgebenden Horror durchgedreht sind, einfach abgeknallt hat wie räudige Köter. Und gestern habe ich hier eine Strafkompanie gesehen. Wieder einmal frage ich mich, wer wir Landser eigentlich sind. Es heißt doch, daß wir hier vorn für Deutschland kämpfen – und was tut man uns aus rein persönlicher Willkür und Machtmißbrauchs an, wenn wir nicht mehr können, wenn uns einmal die Nerven durchgehen? Wenn wir in diesem elenden Scheißkrieg nicht so viele unserer eigenen Leute umbringen würden, könnten wir ihn glatt gewinnen.

Was sind die Menschen nur für üble Wesen. Ständig trachten sie danach, Ihresgleichen zu vernichten und kommen dabei auf die perversesten Ideen, um immer gräßlichere Waffen zu erfinden. Sollen sie sich doch endlich vernichten, sich endlich gänzlich ausrotten, bevor sie diesen wunderbaren Planeten noch total zerstört haben. Die Welt, die Natur, kann nichts dafür, was die Menschen tun.

Wie ich so dastehe, am Ufer der Malayja Pesotschna, und über den Irrsinn, den die Menschen auf dieser Welt anrichten, nachdenke, sehe ich, wie auf der jenseitigen Wiese ein gesatteltes aber reiterloses Pferd über den flachen Hügel herangetrottet kommt. Es nähert sich dem Bach, genau auf meiner Höhe. Es sieht mich und kommt immer näher – zu diesem häßlichen Minenfeld… Ich will gerade etwas rufen, das es wieder vertreiben soll, da tritt es auf eine der Minen.

Trotz der Explosion und obwohl ihm gerade das rechte Vorderbein bis zur Hälfte abgerissen ist, bleibt es stehen, ganz still. Es sieht mich mit seinen großen, runden Augen an. Keinen Laut gibt es von sich.

Da stehe ich nun auf der einen Seite des Baches und das so schrecklich verwundete Tier auf der anderen Seite, und es sieht mich an, als sei ich der einzige Freund, den es auf dieser Welt noch hat.

Indem es den Rest des abgerissenen Beines leicht anhebt, humpelt es nun ein, zwei Meter weit ins flache Wasser, bleibt wieder stehen. Es scheint mir, als wollte es mir seine schreckliche Verwundung zeigen, so als wollte es sagen, „schau' mal, was soll ich denn jetzt tun?" Und ich weiß nicht, wie ich mich verhalten soll, stehe nur da und sehe in die gutmütigen Augen dieser armen, geschundenen Kreatur. Ich stehe da, und mein Herz krampft sich zusammen.

Dann sage ich in vorwurfsvollem Ton: „Verdammt nochmal, warum mußt du denn auch ausgerechnet zu mir her laufen. Warum konntest du denn nicht bei deinem Reiter bleiben? Oder war der schlecht zu dir? War das vielleicht einer der widerwärtigen Aufseher dieser gottverdammten Strafkompanie?

Das Pferd steht da und sieht mich an. Blut tropft in langen Fäden aus seiner scheußlichen Wunde.

Ich hatte zwar nie gut reiten können, aber eine durchaus positive Beziehung zu diesen schönen Tieren empfunden. Und nun ist mir, als wären wir beide in diesem Moment die einsamsten Kreaturen auf diesem Planeten – beide hilflos.

Fast kann ich den gutmütigen Blick des Tieres nicht mehr ertragen: „Sieh' mich doch nicht so an! Ich kann doch nichts dazu, daß die

verruchte Menschheit so eine verdammte Scheiße macht! Ich kann doch nichts dazu!"

Das Pferd steht da und sieht mich mit seinen hübschen, großen Augen an. Unaufhaltsam tropft das Blut von dem vorgehaltenen Rest seines Beines, und das klare Wasser des Baches nimmt es wie dünne rote Fähnchen mit...

Irgendwann halte ich mein Gewehr in den Händen. Etliche Male habe ich gesehen, wie Pferde, die nicht mehr weiterkonnten, einfach erschossen wurden. *Gnadenschuß* nennt man so etwas entschuldigend.

„Das ist eben der Krieg", haben jene gesagt, die bemerkten, daß ich Gefühle für diese armen Kreaturen zeigte.

Ich habe auf Hunderte Menschen geschossen, habe gesehen, wie sie fielen, aber, verdammt nochmal, dieses Tier kann ich nicht erschießen. Ich bin Landser, kein Schlachter, hab' noch nie ein Pferd getötet.

Und es steht da und sieht mich an, und sein Blut tropft in den Bach.

Ich spüre, wie meine Hände zittern. Das Pferd dürfte mich nicht so ansehen, so Auge in Auge...

Die graue Katze kommt mir in den Sinn. Wenn ich dieses arme Tier jetzt erschieße, ist das der zweite moralisch legitime Schuß, den ich in diesem elenden Krieg abgebe.

Das Pferd steht da und sieht mich unverwandt an, und das Wasser nimmt sein Blut mit. Es ist sein lieber Blick, der es mir so schwer macht.

„Vergib mir, vergib mir, daß ich dich jetzt nicht von deinem Leid erlöse – aber ich kann nicht..., ich kann es nicht tun... Wenn ich jetzt auf dich schieße und dich nicht sofort tödlich treffe, wirst du umfallen und strampeln, mit den Hufen schlagen, zucken und ein furchtbares Geschrei machen, und ich muß nachladen und noch einmal auf dich schießen, und wieder könnte ich dich bei deiner Strampelei nicht richtig treffen, und mir würden die Hände zitteren, und du müßtest leiden, und – ich kann nicht sehen, wie du dann hier in diesen lausigen Scheißbach fällst und einfach tot liegen bleibst... Ich habe schon viel zu viele von deiner Art sterben sehen, habe sie tot liegen sehen, euch wunderbaren, hübschen, von den Menschen so schrecklich mißbrauchten, armen Kreaturen. Hätte ich in diesem Moment doch eine Maschinenpistole..."

Das Pferd steht noch immer bewegungslos da und sieht mich an, blickt mir direkt in die Augen. Kein Vorwurf ist in seinem Blick – viel schlimmer – Zuneigung. Ich rufe: „Ich kann nicht! Ich kann nicht! Wärest du mein Feind, irgend jemand, ich würde sofort abdrücken! Aber *Dich* kann ich nicht töten!"

Ich drehe mich um und eile mit schnellen Schritten davon, sehe nicht zurück – und werde diesen Moment der Schwäche für den Rest meines Lebens bedauern, werde dieses Tier, sein zerfetztes Bein und seinen lieben Blick niemals vergessen. Und wenn dieses Pferd schon lange tot und von seinen Qualen erlöst ist, werde ich bis zum Ende meines Lebens an seiner Verwundung leiden…

Meine Art von Gerechtigkeit

Sie führen mich auf eine leichte Anhöhe, die beiden dienstbeflissenen, mutigen Feldgendarmen. Das Land, daß sich vor uns erstreckt, ist flach, und wirkt bei dem grauen Wetter öde und trostlos. Alles ist verlassen, keine Menschenseele weit und breit.

Bis hierher war ich von der Front zurückgelaufen – als Versprengter, als Letzter meiner Einheit. Und bevor ich irgendwo einen neuen Verein finden konnte, um mich dort zu melden, standen plötzlich diese beiden verdammten Kettenhunde vor mir.

„Naaa, wen haben wir denn da? Einen Deserteur, einen Feigling? War dir wohl zu gefährlich da vorn, was?"

So eine aufgedunsene, nach Schnaps stinkende, dunkelrot angelaufene Kettenhundfresse grinst mir aus nächster Nähe ins Gesicht. Die Hurratüte auf seinem breiten Schädel verdeckt fast seine Augen, diese blutunterlaufenen Säuferaugen mit dem stumpfen, brutalen Blick, und es wundert mich, daß in den Pupillen seiner kalten Augen keine Totenköpfe zu sehen sind. Sein Ringkragen, dieses antiquierte Blechschild mit der gelblichgrün floreszierenden Schrift *Feldgendarmerie* hängt ihm schräg vor der Brust und klappert bei jeder seiner Bewegungen. Er hat nicht die geringste Ahnung, woher ich komme und was ich hinter mir habe – und *wer*, besser, *was* ich *wirklich* bin…

Einen kurzen Moment lang grinst er mich blöd an, dann nimmt er mir mit einer schroffen Bewegung meinen Scharfschützenkarabiner mit dem Zielfernrohr ab. „Wem hast du den denn geklaut?"

„Das ist meiner…"

Der spindeldünne Unteroffizier mit dem schmalen, blassen Gesicht und der hohen Quäkstimme ist keinen Deut besser als der dicke Saufkopp: „Ach ja, natürlich, das ist deiner. Bist sicher ein Scharfschütze von der Front…"

Ich will etwas sagen, aber er quakt los: „Und was mach'ste dann hier hinten, so weit zurück, du feige Sau?"

Kettenhunde

„Hab' keine Einheit mehr."

„Das sagen alle, die wir aufgreifen!"

Nun will ich ihm mein Soldbuch zeigen und erklären, daß…

Brutal rammt er mir seine Schmeißer in die Rippen: „Los, du Held, da lang!"

Sie stoßen mich vor sich her, sind sich ganz sicher, daß ich ein Fahnenflüchtiger bin, ein Deserteur, ein armseliger Feigling. Ich erkenne es daran, daß sie mir noch nicht einmal mein Seitengewehr abgenommen haben. Aber der Feigling hat noch in jeder Manteltasche eine geladene Pistole…

Da heute ein sehr kalter Wind weht und ich keine Handschuhe habe, puste ich demonstrativ in die Hände, um sie offensichtlich zu wärmen, mehrmals, auffällig. Dann stecke ich sie in die Manteltaschen und presse wie fröstelnd die Arme an den Körper – gleichzeitig entsichere ich meine Pistolen.

Als wir um eine große Holzscheune kommen, sehe ich dahinter sieben tote deutsche Soldaten liegen. Alles Kindergesichter. Alle erschossen. Einer sogar durch einen Schuß ins Gesicht. Sie sind noch nicht zugeschneit, folglich liegen sie da noch nicht lange…

„Los", sagt der Dicke, der meinen Karabiner über der Schulter trägt, „stell' dich zu den anderen Feiglingen da; wir führen hier Kriegsrecht und Gerechtigkeit aus!"

Das waren seine letzten Worte. Meine Empörung und meine Wut sind so groß, daß ich beide Magazine auf die Beiden leer schieße. *Das* ist *meine* Art der Gerechtigkeit. Dann nehme ich wieder meinen Karabiner an mich und gehe, suche weiter nach dem Rest meiner Einheit.

Karawane des Grauens

Seit Tagen ist dieser elende Dreckshaufen schon unterwegs. Nun geht's nur noch zurück. Wieder ein Rückmarsch. Der Krieg ist für uns verloren; jeder weiß das, nur niemand darf es laut aussprechen, sonst wird man von den umherstreunenden Kettenhunden sofort wegen Defaitismus kaltlächelnd umgenietet oder gehenkt.

Wir sind längst alle völlig unterernährt. Ich weiß nicht mehr, wie lange wir schon nichts mehr zu essen bekommen haben. Seit Wochen leide ich an Ruhr und Malaria. Mein Zustand ist schrecklich. Das Fieber läßt meinen ständig frierenden Körper dennoch unentwegt klitschnaß sein. Fast alle meine Klamotten sind durchgeweicht. Das macht die saumäßige

Absetzbewegung

Kälte noch schlimmer. Aber mich auf einem der Verbandplätze zu melden, könnte tödlich sein, das habe ich nur einmal getan. Wir haben mehr als einmal gesehen, daß der Russe keine Rücksicht auf die Rot-Kreuz-Fahne nimmt – und der ist uns dicht auf den Fersen.

Von dem endlos langen Marschieren habe ich mich zwischen den Oberschenkeln wundgelaufen. Der Schweiß brennt ungemein in dem rohen Fleisch; und die Läuse haben mir derart die Beine zerfressen, daß mir das Wundwasser durch die dreckigen Unterhosen bis zu den Fußlappen hinabsickert. Lappen, ja, das ist alles, was wir noch an den Füßen haben, wir, die Helden der deutschen Wehrmacht, wir, die letzten armen Schweine einer ganzen Armee, denen das Krepieren bis jetzt noch vorbehalten blieb. Einer sieht genauso beschissen aus wie der Andere – bärtig, lange, schmutzig-strähnige Haare und völlig verwahrlost. Eine Karawane elender, stinkender und stumpfsinniger Kreaturen. Rangabzeichen sind keine mehr zu sehen, keine Befehle mehr zu hören, nur Schweigen und das Knirschen unserer langsamen Schritte im gefrorenen Schnee. So schlurfen wir mit müden und schweren Füßen dahin, schon mehr als dreihundert oder vierhundert Kilometer, und niemand weiß, wie lange noch, wie weit, wohin überhaupt – nur nach Westen. Solange man in Bewegung ist, ist es gut, anhalten ist tödlich.

Ein schneidender Wind weht uns große, fette Schneeflocken in den schmalen Sehschlitz, aus dem wir zwischen Stahlhelm, Schal und übergezogener Kapuze mit fast zugefrorenen Augen blinzeln. Ich habe mir, wie einige andere auch, noch eine dicke Wolldecke übergehängt. Jeder Schritt, den man tut, ist eine Qual, und so quälen wir uns in einer endlos langen Kolonne dahin. Sie sieht aus wie eine Prozession vermummter Geister und umherwankender Toter.

Alle zehn Minuten pelle ich mir unter der dicken Wolldecke und der gefütterten Wintertarnjacke die harte Uniformhose und das, was von den beiden langen, klebrigen Unterhosen noch übriggeblieben ist, runter und hocke mich wieder hin – und jedes Mal rinnt nur eine kleine Blutlache in den Schnee… Es brennt dabei, als hätte einem der Teufel in den Arsch gebissen. Papier zum Abwischen gibt's keins. Dann alles wieder hochgezogen und weiterwanken…

Ich bin nicht der Einzige, dem es so ergeht; überall hocken die vermummten, schmutziggrauen Gestalten im Schnee neben dem von Tausenden eiskalter, gefühlloser Füße plattgetretenen Pfad, den wir in das naßkalte Weiß gelatscht haben. Überall am Rand unseres Weges sieht

man diese roten Flecken. Alle paar Minuten kommt man an Sterbenden und Toten vorbei, Landser, Männer, die tapfer gekämpft haben. Kameraden. Und bei jedem fragt man sich, wann man selbst so daliegt. Ich will nicht in ihre Gesichter sehen, will gar nicht wissen, wer da vor Hunger und Erschöpfung umgefallen und liegengeblieben ist.

Ich habe Durst, aber keine Feldflasche mehr. Als ich sie vorgestern zum letzten Mal gefüllt hatte, war sie nachts zerplatzt, weil das Wasser darin gefroren war. Welche blöde Unachtsamkeit von mir! Zur Strafe lecke ich jetzt wieder verharschten, scharfkantigen Schnee.

Unsere Elendskolonne wankt durch ein völlig zerschossenes Dorf. Die schwarzverrußten Ruinen sind alt und müssen noch aus der Zeit des deutschen Vorstoßes stammen. Überall noch die alten Granattrichter. Alles verlassen. Wir kommen an einem Friedhof vorbei – eine Stätte des Horrors. Die Granaten der Artillerie haben die Gräber aufgewühlt. Weit verstreut liegen menschliche Knochen herum. Aus dem Matsch des Weges grinst mich ein gelblichweißer Schädel an.

Plötzlich höre ich Rufe; jemand schreit. Ich hebe den Kopf, sehe nach vorn. Da hinten läuft einer im Rechten Winkel von der Kolonne weg. Beim Laufen gestikuliert er mit den Armen in der Luft herum, verliert seine Wolldecke, lacht dabei und schreit und lacht. Irgend jemand ruft ihm hinterher. Aber er verschwindet langsam in dem Vorhang aus Schnee, und sein hysterisches Lachen und Schreien wird immer leiser…

Wieder und wieder wanke ich an Männern vorbei, die neben und sogar auf unserem Weg liegen, dabei etliche nackte. Manche liegen schon länger da und sind vom Schnee bedeckt. Nur ihre Hände ragen aus den kleinen Schneehügeln. Es sieht aus, als wollten sie zum Himmel hinaufgreifen und Gott um Erbarmen bitten. Aber da, wo wir waren und da, wo wir sind, gibt es keinen Gott. Wäre Gott hier und mit uns den verdammten, grausamen Weg gegangen, hätte er angesichts so vielen Leids und furchtbarer Unmenschlichkeit längst verrückt werden müssen.

Da liegt wieder einer. Zwei andere Landser zerren ihm die schmutzigen, halbzerfetzten Klamotten vom Körper, alles, was noch einigermaßen den eigenen Körper wärmen kann. Sogar die Fußlappen nehmen sie ihm ab. Man kann bei der Kälte jeden Fetzen Stoff gebrauchen. Das ist der natürliche Selbsterhaltungstrieb, aber mich kotzt sowas an. Für mich ist das würdelos. Aber was ist in dieser Schneehölle noch Würde? Für viele ist die Angst vor dem Erfrieren stärker als die Moral. Dennoch, ich habe mal einen Oberst gesehen, der nur mit seiner Uniform bekleidet war, obwohl überall Gefallene lagen, die noch ihre Mäntel trugen. Ein anders Mal sah ich einen älteren Offizier, der einen jungen Soldaten anhielt und ihm seine bis dahin selbst umgehängte Wolldecke über die Schultern legte – Menschlichkeit inmitten des Chaos.

Ich schlurfe ganz außen, an der rechten Seite der Kolonne, deren Breite ich noch nicht einmal kenne. Ich muß außen gehen, weil ich andauernd aus der Hose muß. Andauernd kommen wir an Menschen vorbei, die endlich alles hinter sich haben, endlich keine Schmerzen und kein Leid mehr ertragen müssen, keine Angst und keinen Hunger und Durst mehr haben. Hier und da liegen Waffen im Schnee. Wer zu erschöpft war, hat sein Gewehr irgendwann einfach fallengelassen. Ich habe auch schon längst keines mehr – aber noch immer meine beiden Null-Acht-Pistolen. Ich habe sie mit, weil ich selbst nicht ebenso elendig neben diesem furchtbaren Leidensweg krepieren will, wie die anderen armen Schweine, die hier überall im Schnee verreckt sind. Ich will hier nicht liegen und warten, daß es irgendwann endgültig aus ist.

Da sehe ich, daß sich eines der Bündel, die neben dem Weg liegen, noch bewegt. Als ich an ihm vorbei gehe, will ich gar nicht hinabsehen. Was könnte ich denn auch für ihn tun? Da greift seine Hand nach meinem rechten Fuß, versucht ihn festzuhalten, rutscht aber gleich wieder ab. Nun bleibe ich doch stehen, sehe zu dem Mann hinunter.

„Kamerad…", röchelt er, „hilf mir…"

Ich beuge mich zu ihm hinab. Er streckt mir müde seine Hand entgegen. Ich ergreife sie. Dann versucht er, sich mit seinen nur noch schwachen Kräften langsam hochzuziehen. Ich sehe in sein Gesicht. Es ist ein farbloses, völlig ausgezehrtes, bartstoppliges Gesicht mit dunkelrot umrandeten, entzündeten Augen. Ich erkenne es wieder. Dieser Mann gehörte früher mal zu demselben Haufen wie ich, zu Feldwebel Schraders Sauhaufen. Er war einer der wirklich guten Kameraden.

„Mensch, Wilhelm, was machst du denn für Sachen? Los, komm, du mußt aufstehen. Los, hoch, auf die Beine; du krepierst hier sonst!"

Aber er schafft es nicht, sich wieder aufzurichten, und ich schaffe es nicht, ihn allein hochzuziehen.

Ich erinnere mich, daß er eines Tages an der Front erfahren hatte, daß seine kleine Tochter bei einem Bombenangriff der Alliierten auf Hamburg ums Leben gekommen war. Erika hieß sie. Danach hatte er jeden Tag nur noch von dem Mädchen gesprochen, immer wieder. Irgendwann hatte man ihn nach hinten geschickt; man glaubte, er sei nicht mehr klar im Kopf. Ich hatte nie erfahren, wo er geblieben war.

Schlacke

Meine Kräfte reichen nicht mehr aus, ich bekomme Wilhelm nicht allein hoch. Ich drehe mich um, strecke eine Hand nach den anderen vermummten, schweigend vorüber schlurfenden Männern aus: „Kameraden…, bitte…!"

Doch sie sehen uns nicht an, gehen stumm vorbei. Genauso, wie ich bis eben selbst an allen anderen vorbeigegangen bin. Unsere moralische Erosion hat nicht erst hier, auf diesem Rückmarsch begonnen, sie begann schon vor vielen Monaten, sie begann da vorn, an der Front, in den schmutzigen Laufgräben, in den elenden Drecklöchern, im grundlosen Schlamm. Unser moralischer und ethischer Verfall begann beim ersten Schuß, den wir auf einen anderen Menschen abgegeben haben, den wir abgeben mußten, weil uns sonst genau jener andere getötet hätte. Moral – Scheißmoral! Und jetzt appelliere ich an genau diese Moral.

Ich spüre, wie Wilhelm wieder zu Boden sinkt, und ich kann nichts dagegen tun. Wieder sehe ich zu ihm hinab: „Wilhelm, Kumpel, los, steh auf! Wenn du hier liegen bleibst, bist du in einer halben Stunde tot."

„Hans…, Mann…, laß mich hier nicht verrecken… Ich möchte wieder nach Hause…, ich will wieder zu Marianne…"

Tränen laufen ihm aus den Augen. Er schluchzt tief. Tränen laufen auch aus meinen Augen.

Ich drehe mich noch einmal um, gebe dem nächsten Vorbeiwankenden einen heftigen Stoß: „Halt an, Mann!"

Aber der schluft weiter.

„Anhalten! Ihr verfluchten Hunde! Haltet an!"

„Halt's Maul!" ruft einer.

In diesem Moment läuft eines dieser kleinen, russischen Panje-Pferde ganz nah an uns vorbei. Es zieht einen Schlitten. Darauf sitzen zwei unter dicken Decken vermummte Gestalten, ihre Schals über den Mündern, nicht zu erkennen, wer es ist. Dann sind sie fort.

Ich sehe Wilhelm's verzweifelten Blick.

„Hans…", flüstert er, „Hans…"

Ich ziehe meine dicken Handschuhe aus und eine meiner beiden Pistolen aus der Tarnjacke, lade sie durch und entsichere sie. Dann beuge ich mich zu ihm herab. Doch mir wird von der Anstrengung des Bückens mit den vielen Klamotten am Körper schwindelig, und ich bin so schwach, daß ich fast selbst zu Boden falle. Für eine Sekunde wallt Panik in mir auf. Bloß nicht umfallen! So gehe ich langsam in die Hocke, stütze mich mit der linken Hand im Schnee ab, ergreife seine Hand und drücke ihm die

Pistole hinein: „Hier, Wilhelm, mach schnell…, gleich wirst du deine liebe, kleine Erika wiedersehen…"

Dann wanke ich davon, mit Gefühlen, die zu beschreibenden unmöglich ist. Nach ein paar Schritten höre ich hinter mir einen Knall.

Niemand hat ihm geholfen, niemand sieht sich um. Unsere psychische Verwahrlosung ist zu groß.

Parole?

„Parole?"

„Halt's Maul, ich bin kein Iwan!"

„Menschenskind, hast du'n Schwein gehabt. Warum sag'ste denn die Parole nich'? Beinah' hätt' ich dich umgelegt."

„Weiß die Parole nicht. Wie heißt sie denn?"

„Wieso? Wo komm'ste denn her? Weißt die Parole nich'… Hast'e sowas schon mal gehört, Karl?"

Der andere Wachtposten, den ich in der Dunkelheit jetzt erst sehe, kommt auf mich zu. Er ist eine ziemlich lange Gestalt, nimmt seine Knarre von der Schulter und sieht mir aufmerksam ins Gesicht, ob er wirklich keinen Iwan vor sich hat. Kopfschüttelnd geht er dann zu seinem Kumpel, der sein Gewehr wieder umgehängt hat.

„Wo willst'e denn hin; und von was für'nem Haufen bist'e denn?"

Er kommt wieder auf mich zu. Ich stehe zum Sprung bereit, wie ein wildes Tier, das Gefahr wittert. Seit Tagen fühle ich mich auch als solches. Wie lange bin ich schon eine Kreatur, die nur noch ein bebendes Wrack ist? Habe ich überhaupt noch Angst? Bin ich überhaupt noch fähig, irgend etwas zu empfinden? Alles an mir fühlt sich an wie tot.

„Sag mal, wo hast'e denn deinen Püster, Mensch? Bist'e ein Melder, oder warum läufst'e hier so mitten in der Nacht allein durch's Gelände?"

Er spricht die letzten Worte mit einem mißtrauischen Unterton, dann dreht er sich um und geht zusammen mit dem anderen Posten ein paar Schritte weiter. Sie bleiben wieder stehen. Die lange Gestalt schlägt abwechselnd die Arme um seinen Körper und die Hände zusammen: „Verdammtes Sauwetter; 'ne echte Waschküche, und so naßkalt. Sag' mal, bist wohl'n Versprengter, was?"

Ich antworte nicht sofort. Was soll ich auch sagen, daß ich nur noch die paar Kilometer bis zur Ostseeküste hinter mich bringen will? Ich bin hundemüde und habe seit Tagen einen gotterbärmlichen Kohldampf. Aber das Schlimmste ist das Zittern am ganzen Körper und diese schreckliche

Müdigkeit. In mir heult, pfeift und kracht es noch immer. Der letzte Angriff will in mir einfach nicht aufhören, und der ist schon einige Tage her. Meine Füße fühle ich vor lauter Kälte überhaupt nicht mehr; seit Wochen ein Dauerzustand.

Die Beiden kommen mir vor, wie vom Schicksal Begünstigte, die irgendein Zuhause haben, hier in einem der alten Häuser. Scheint ein Gutshof zu sein, wie es hier, in Ostpreußen, viele gibt. Wenn ihre zwei Stunden um sind, werden sie von anderen Posten abgelöst, dann werden sie in einen warmen Raum gehen, ihre Knarren an die Wand stellen, sich hinlegen, eine Decke über den Kopf ziehen und sofort in einen tiefen, wohligen Schlaf fallen. Sie werden ganz legitim als Angehörige irgendeines Vereins zu schnarchen anfangen und pennen können, ohne daß sie Gefahr laufen, daß plötzlich einer vor ihnen steht, mit einem kleinen Blechschild an einer Kette um den Hals und lauernd fragt: „Welche Einheit? Wo kommen Sie her? Wo wollen Sie hin?"

Ich jedenfalls muß immer mit ihnen rechnen, jeden Augenblick, ich armes Schwein. Weiß noch, wie wir gerannt sind, wir beiden Letzten. Er war schon angeschossen. Irgendwann war er nicht mehr da.

Bis heute Abend hatte ich es ausgehalten, da draußen, irgendwo auf einem steinhart gefrorenen Acker, zweihundert Meter oder zwei Kilometer von hier – weiß nicht mehr. Manchmal hat es etwas geschneit. Der verdammte Wind heult seit Tagen über das Land, schneidet durch die Klamotten. Wenn ich jetzt nicht endlich irgendwo unterkriechen kann, wo es warm ist, gehe ich kaputt. Mein Unterkiefer zittert seit Stunden, kann kaum noch richtig sprechen. Der Kumpel hat natürlich sofort gemerkt, was mit mir los ist. Er stampft mit den Füßen auf: „Komm hinter die Mauer; hier kann man's etwas besser aushalten!"

Aus der Ferne hört man das Grollen der Front. Ich sehe das ständige und wie nervös wirkende, orangefarbige Flackern am Horizont. Gerade geht dort hinten eine weiße Leuchtkugel hoch. Schwer auszumachen, wie weit entfernt. Sie steht hoch oben, im Dunst nur schwach zu sehen. Die Russen kommen immer näher…

Der Lange beugt sich zu mir herunter: „Hier, haste 'ne Zigarette… Haben leider auch nichts zu fressen. Wie lange bist'e denn schon unterwegs, Kumpel? Sei bloß vorsichtig…"

Er reicht mir die Streichhölzer. Mir ist aber nicht nach Rauchen zumute. Gutmütiger Kerl. Scheint wohl zu merken, daß ich nur noch ein halber Mensch bin. Der andere zieht aus seinem Brotbeutel umständlich einen Kanten Brot: „Hier, friß, Mensch, sonst kipp'ste noch aus den Latschen."

Ich schlinge den harten Kanten 'runter. Verdammt, was kann eine alte Brotrinde doch gut schmecken. Wer niemals in einer solchen Situation war, weiß gar nicht, was so ein alter, trockener Brocken sandigen Kommißbrotes für ein Festessen sein kann.

„Hör mal, wenn'de hier irgendwo bleiben willst – Fehlanzeige, sag ich dir. Alles überfüllt. Aber das is' nich' das Schlimmste, für dich jedenfalls, da kann's noch viel schlimmer kommen, kann ich dir sagen."

„Wieso?" Ich zittere und sehe mich um. Habe vom kalten Wind ein steifes Genick. Ich sehe dieses Gehöft so friedlich liegen. Nachts mutet alles so friedlich an – wenn nicht ständig die Front zu hören wäre.

„Da, siehst'e die da?"

Der Lange deutet im geisterhaften, unruhig flackernden Licht einer weiteren Leuchtkugel auf einen Schuppen in unserer Nähe. Am Boden davor ist etwas. Es sieht aus, als wenn dort ein paar Tote aufeinander liegen. Aber da ist es schon wieder dunkel. Ist ja auch nichts Besonderes, Tote liegen hier überall herum. Da draußen, da hinten, auf dem Acker, da lag einer in einer Mulde, so wie ich bis vorhin. Erst konnte ich ihn gar nicht richtig erkennen. War wohl ein Vorgeschobener Beobachter der Artillerie, hatte ein Feldtelefon dabei.

Ich hatte mich in einen Granattrichter geduckt. Erst nach ein paar Stunden war mir klargeworden, daß der gar nicht mehr lebte, weil er sich trotz der Kälte überhaupt nicht mehr bewegt hatte. Als dann der Nebel kam, in der Dämmerung, war ich hingekrochen und hatte ihn mir angesehen. Er lag so da, wie viele daliegen, so wie Helden eben daliegen, wenn sie für's Vaterland verreckt sind. Meistens haben sie die Augen noch halb auf, und den Mund, so als wollten sie noch etwas sagen. Etwas sehr Wichtiges mußte das sein, so habe ich immer den Eindruck. Ich kümmerte mich nicht weiter um ihn und hockte mich wieder hin, in den Trichter, und versuchte, gar nicht mehr hinzusehen.

Einer der beiden Posten stößt mich an, nickt zu den Toten hinüber: „Alles ganz junge Burschen, kaum achtzehn Jahre alt. So eine Sauerei! Sind alle erst heute Nachmittag erschossen worden. Waren Versprengte, verstehst'e? Hat gar nicht lange gefackelt, der Oberfeldwebel. Du, das sag' ich dir, fall' denen bloß nich' in die Hände, dann lieg'ste morgen Mittag auch dazwischen."

„Wieso?" frage ich, „sind hier die Kettenhunde?"

„Klar, Mensch, wer macht denn sowas sonst! Aber ihr Oberfeld ist ein Schwein, ein ganz brutales Schwein, der kennt kein Pardon. Eine verdammte Sauerei ist das!"

Doppelposten

Ich gehe ein paar Schritte auf den Leichenhügel im Dunkeln zu, aber mir graust davor. Er spricht hinter mir weiter: „Von eigenen Leuten, von den eigenen deutschen Soldaten erschossen… Jungs von siebzehn Jahren, die gerade erst von der HJ-Schule hier angekommen waren, die saumäßige Angst hatten und gar nicht wußten, wohin sie so schnell laufen sollten, als die Panzer kamen. Diese verdammten Kettenhunde!"

Ich balle die Fäuste, und ein Schauder läuft mir über den Rücken. Wenn die Mütter dieser jungen Soldaten wüßten, auf welche heroische Weise ihre Söhne den Heldentod gefunden haben… Wahnsinn. Überhaupt, wenn man bedenkt, daß wir sowieso nur noch verdammt wenige sind in diesem Kessel gegen die Übermacht der Russen, die uns hier eingeschlossen haben. Die Alten aus der Heimat sind schon alle hier, und die meisten Jungen werden in den Westen geschickt. Uns hier hat man sowieso schon aufgegeben. Wenn dann mal neuer Ersatz kam, waren es blutjunge Soldaten, kaum ausgebildet, die man hier zum ersten Mal ins Feuer geschickt hat, …und dann werden sie von den eigenen Leuten wegen Feigheit vor dem Feind erschossen. Und die, die so etwas tun, sind selbst niemals vorn, hab' da ja selbst schon meine Erfahrungen gemacht.

„Ja, sieh'se dir nur richtig an, und dann zieh' Leine, Mensch, den Rat kann ich dir nur geben. Hau ab, so schnell du kannst. Wenn du hier nicht zu irgend einem Verein gehörst, mach' bloß schnell 'ne Mücke, Mann, dann ist es für dich saugefährlich hier…"

Ich tue so, als befolge ich seinen Rat: „Also dann… Wie war die Parole noch?"

„Hamburg."

Ich entferne mich langsam, gehe aber im Dunkeln im großen Bogen von der anderen Seite wieder zu dem Gutshof zurück. Dann stehe ich vor einem Pferdestall. Drinnen höre ich das Schnauben eines Pferdes und rieche den typischen und vertrauten Geruch dieser schönen Tiere. Ich muß unwillkürlich an Frankreich denken, an unsere berittene Einheit – Panzerjäger, 14. Kompanie. Ja, ich war auch einmal Kavallerist, bin aber immer vom Gaul gefallen. Deshalb kam ich dann zu der dämlichen Geschützbedienung und mußte die bequemen, langen Reitstiefel wieder hergeben. War damals sehr froh darüber, sie zu besitzen. Jetzt sind es nur noch schöne Erinnerungen. Wie lange ist das alles eigentlich schon her? Damals in Frankreich, oben an der Küste, bei Étaples. Es war friedlich und gemütlich, damals am Pas-de-Calais, und das Klima mild, und es gab dort ordentlich zu essen, und gute Spirituosen gab es da – und viele sehr hübsche Französinnen…

In einem Pferdestall ist es immer warm, weil der Pferdemist wärmt, selbst im Winter. Wenn man darauf liegt, ist es warm, und ein Pferd rührt sich nicht von der Stelle, wenn man sich direkt daneben legt. So sind eben Pferde. Sie sind menschlicher als Menschen. Auf jeden Fall muß ich in diesen Pferdestall rein und mir ein warmes Plätzchen suchen, wo ich ein paar Stunden bleiben und mich endlich mal aufwärmen kann. So oder so, mir ist sonst alles egal. Die Müdigkeit ist stärker, und die Kälte zwingt mich unerbittlich, hier zu bleiben.

Mit meiner Pistole unter dem Bauch spüre ich, wie der Schlaf sein dunkles Tuch über mich legt. Neben einem Pferd schlafe ich ein, hoffe, davon zu träumen, kein Soldat mehr sein zu müssen. Aber wie schon seit Monaten, werde ich im Traum sicherlich wieder schießen und schießen – auf Menschen, die ich niemals zuvor gesehen habe, die ich überhaupt nicht kenne…

Nachwort des Herausgebers zur Person des Autors

Daß mein Vater nach dem Krieg (mit mehr als 700 Tagen und Nächten im Frontbereich) nie wieder ein wirklich normaler Mensch mit einer gesunden Psyche geworden ist, steht außer Frage, wenngleich er keine Auffälligkeiten zeigte, die andere Menschen an ihm bemerkt hätten. Nur seine Familie konnte Beobachtungen machen, die ein schlimmes Trauma erkennen ließen. Offensichtlich war auch, daß er während des Krieges den Glauben an die Menschheit verloren hatte. Auf meine Frage, was ihn in Russland ganz besonders stark berührt hat, erzählte er: „Das war in den Pripjet-Sümpfen, im Sommer 1944. Es war sehr heiß. Wir waren dort von den Russen eingeschlossen worden – eine äußerst gefährliche Situation. Wir mußten uns schnellstens zurückziehen. Nur, wohin? Da gab es plötzlich einen Ausweg aus dem Kessel, und gerade dort verlief eine Bahnlinie. Da ging's nach Baranowitschi. Da wollten wir nun hin, nach Nordwesten. Eilig wurde alles verstaut. Es mußte alles ganz schnell gehen, da der Iwan jeden Moment den Kessel wieder schließen konnte. Alles geschah nur im Laufschritt. In dem Waggon hinter dem unseren, ganz am Ende des Zuges, wurden dann die letzten Pferde, die wir noch besaßen, verladen.

Nachdem der Zug losgefahren war, setzten sich einige von uns Landsern in die offene Tür und ließen die Beine baumeln. In der endlosen Weite des Landes führen die Bahnschienen teilweise über mehrere hundert Kilometer immer nur geradeaus. An diesem Tag war es besonders warm, und die ganze Landschaft flimmerte vor Hitze.

Plötzlich bemerkten wir ein Fohlen, daß mit seinen dünnen, stakligen Beinchen in einiger Entfernung hinter dem Zug herlief. Man hatte offenbar vergessen, das Tierchen mit einzuladen. Es lief auf dem groben Schotterdamm zwischen den Schienen hinter dem Zug her, und die Zunge hing ihm aus dem Maul. Es wieherte und wieherte. Das Muttertier reckte seinen Hals aus dem Waggon und schrie wie verrückt.

Jedem von uns war klar, daß dieses junge Tier hier draußen nicht die allergeringste Chance hatte, zu überleben. So nahmen einige ihre Gewehre und begannen, auf das Pferdchen zu schießen. Aber weil der Waggon so sehr schaukelte, trafen sie es nicht. Der Abstand zu dem Fohlen wurde größer und größer, doch es rannte noch immer hinter unserem Zug her und wurde langsam immer kleiner. Irgendwann war es nur noch als ein dunkler, in der flimmernden Hitze unruhig flackernder, winziger Punkt am Horizont zu sehen – und bald ganz verschwunden."

Es war das traurige Schicksal eines jungen Pferdchens, das meinen Vater in den drei schrecklichen Kriegsjahren an der Ostfront offenbar von allen Erlebnissen am meisten berührt hatte, nicht irgendein Schicksal irgendeines Menschen respektive eines Kameraden.

In Wahrheit war er ganz tief in sich ein trauriger Mann mit einer zerrissenen Seele. Über den Krieg sagte er sich ereifernd: „Ich mußte Menschen töten, mußte mit ansehen, wie die Hütten armer Leute mutwillig zerstört wurden, wie man fruchtbare Kornfelder verbrannte, wie Wälder von Granaten weggefegt wurden, wie gute Kameraden neben mir mit zerfetzten Armen und Beinen, aufgerissenen Bäuchen und heraushängenden Eingeweiden elendig verreckt sind, habe Pferde gesehen, die sich mit grauenhaften Verwundungen zu Tode geschrieen haben, und ich habe meinen Bruder und meinen Onkel verloren. Und mit alldem war ich nur einer von 18 Millionen deutscher Soldaten. Und wofür das alles, wofür, verdammt noch mal, wofür?“

Anfang des Jahres 2000 fragte ich meinen inzwischen 78-jährigen Vater, ob er niemals daran gedacht habe, sich mit ehemaligen Kameraden zu treffen. Er machte ein verächtliches Gesicht und sagte: „Die einzigen Kameraden, mit denen ich mich eventuell nochmals hätte treffen wollen, sind nicht lebend aus Russland 'rausgekommen, und die anderen interessieren mich nicht.“

Ich bemerkte sein heimliches Bedauern.

Zu dieser Zeit arbeitete ich gerade mit Hein Severloh, dem inzwischen weltbekannten MG-Schützen vom *Omaha Beach*, an dessen Autobiographie *WN 62 – Erinnerungen an Omaha Beach, Normandie, 6. Juni 1944*. Eines Tages benannte er im Zuge seiner Erzählung die kleine russische Ortschaft Bol Scheltuchi. Ich horchte auf, denn auch dort hatte einst mein Vater als Soldat gelegen. Dann stellte sich heraus, daß Hein Severloh am 23. Juli 1942 eingezogen worden war (Leichte Artillerie-Ersatzabteilung 19), mein Vater am 1. Juli desselben Jahres (Panzerjäger-Kompanie Infanterie-Regiment 588) – und beide hatten ihre Grundausbildung in der hannoverschen Scharnhorst-Kaserne absolvieren müssen (ich selbst, 1969, Fernmelde-Ausbildungs-Kompanie 2/I). Danach wurden beide mit demselben Truppentransport per Bahn an die nordfranzösische Küste am Pas-de-Calais gefahren, zur Spezialausbildung. Dort wurde Hein der 321. Infanterie-Division zugestellt, mein Vater der 129. Am 2. Dezember des Jahres erfolgte für *beide* von Abbeville aus der Transport in den Mittelabschnitt der Ostfront – und irgendwann waren beide zur selben Zeit in Bol Scheltuchi gewesen.

Im März 2000 arrangierte ich ein Treffen der beiden Männer, der zwei „Frontschweine", die sich niemals zuvor bewußt gesehen hatten. So holte ich Hein aus Metzingen (Lüneburger Heide) ab und fuhr mit ihm zu meinem Vater. Als Hein das Wohnzimmer betrat, begrüßte er ihn mit den Worten: „Hans, mein lieber Kamerad…!"

Dann fielen sich beide spontan in die Arme, und beide hatten Tränen in den Augen. Niemals zuvor hatte mein Vater jemanden umarmt, niemals jemanden spontan geduzt – bis zu diesem Moment.

Anläßlich unseres letzten diesbezüglich gemeinsam geführten Gesprächs sagte mein Vater: „Trotz allem, die deutsche Wehrmacht war eine gute Armee, und das will man uns heute ungerechterweise absprechen. Wir waren nicht schlecht, nein, das waren wir wahrhaftig nicht. Ausnahmen gibt es überall. Auch sollte man die Extremsituationen bedenken, in der wir uns alle befanden. Heute, im Alter, denke ich über vieles ganz anders. Jedoch ändert das nichts an dem furchtbaren Horror, den man erleben mußte und an das niemals wieder gutzumachende Leid. Erlebtes wird man niemals wieder los…"

Kommentar
von Dr. Bernhard Schöning (Jahrgang 1929, Universitätskliniker i.R.)

Hans Keusgen hatte einen Packen sehr guter und wichtiger Aufzeichnungen als Vermächtnis für seinen Sohn bestimmt. Der von ihm in diesem Buch veröffentlichte Inhalt soll uns etwas sagen. Was hier geschrieben steht, ist erkämpft und erlitten. Daran wurde jahrelang gefeilt, weil die Seele im Frieden allmählich Klarheit gewann.

Als Künstler war Hans Keusgen Expressionist, war daher so begabt, daß er den „Sound" seiner Generation geschickt in Farben fassen konnte. Insofern war seine Überzeugung, kein berufener Technischer Zeichner zu sein, völlig richtig. Nur damals suchte man eben diese Zeichner, und das sicherte ihnen eine Unabkömmlichkeitsstellung in der Rüstungsfabrik – was vorher niemand ahnen konnte.

Hier begann das Versagen *seines* Vaters, der den Ersten Weltkrieg mitgemacht hatte, Scharfschütze war, aber immer froh, wenn er von der Front zu weiteren Lehrgängen abkommandiert wurde. Er hatte nicht töten können, und das hätte er seinem Sohn vermitteln müssen. Da hatte kein aufklärendes Gespräch stattgefunden – und der Sohn geriet in ein Chaos… Weil die Freunde aus dem Krieg vom Siegen und von guter

Verpflegung geschrieben hatten, gab Hans Keusgen seine UK-Stellung auf und meldete sich freiwillig. UK (Unabkömmlichkeit; in diesem Fall als Technischer Zeichner) war in jener Zeit eine „Lebensversicherung".

Hans Keusgen und sein Bruder stammten aus einer, wie es damals hieß, „anständigen Familie", waren aber von Haus aus liberale *Teddy Boys* – so nannte man sie damals. Die gab es bis 1945 und standen häufig unter Beobachtung der GeStaPo. Seit der Einnahme von Aachen wurden sie als *Edelweiß-Piraten* bezeichnet – im Gegensatz zum *Werwolf*. Diese Jungs waren clever, immer schnieke angezogen, rauchten, hatten immer etwas Geld „locker", jedenfalls das, was man so brauchte, hörten Jazz-Musik, tanzten Swing und hatten immer die tollsten Weiber. Die Mädchen trieben's gern mit ihnen, weil sie wußten, daß sie von diesen Jungs niemals geschwängert würden, denn die hatten immer eine Handvoll „Pariser" in der Tasche. Diese Boys hörten nicht nur Jazz-Platten, sondern auch *BBC*, *Beromünster* und *Soldatensender Calais* und lachten „dreckig", wenn die Gegenpropaganda der Alliierten nicht zutraf.

Hans Keusgen behielt seine Natur als Kriegsfreiwilliger bei und trug für das obligatorische Rekruten-Foto die „elegante" Mütze des Militärs, die mit dem „Kniff". Die meisten behielten ihre steife „Kreissäge". Keusgen wollte in den Krieg ziehen wie in ein Duell, das nach festen Regeln ausgetragen wird, und geriet in ein Chaos, in dem man unfaire Catcher-Griffe anwenden und brutal sein muß, wenn man überleben will. Er bekam aber sehr schnell heraus, daß ihn das Chaos nur verheizt. Dagegen leistete er vorsätzlich Widerstand. Nicht umsonst hatte er eine vorspringende Unterlippe – wie alle Herrschernaturen.

Die äußerliche Wandlung des Hans Keusgen zum brutalen „Haudrauf", zu dem, das man ein „Frontschwein" nennt, verdeutlicht sich im Kriegsfoto aus der Gegend von Witebsk (siehe Seite 26): Schlägervisage unter Arbeitsmütze mit vorgeschobener Unterlippe.

Hans Keusgen hatte an der Front etliche Male Glück gehabt. Aber er hatte sich auch den Situationen hervorragend angepaßt und sich im Gelände mit solchem Geschick bewegt, daß er, obwohl immer in Kämpfe verwickelt, trotz der langen Zeit an der Front keine einzige Verwundung davontrug. Was ihm jedoch Probleme bereitete, waren Infektionskrankheiten wie Ruhr und Wolhynisches Fieber, leichte Erfrierungen und Läusebefall.

Er war an der 5-cm-Pak ausgebildet worden, merkte aber schon bei seiner „Feuertaufe", daß er diese Waffe nicht beherrschte. Das war ihm eine Lehre, die er als Maschinengewehrschütze am MG'42, als Scharfschütze und im Nahkampf zu beherzigen wußte.

Hans Keusgen blieb auch nach dem Krieg völlig unverändert: Der energische Elegant vor seinem Ami-Schlitten sowie der soignierte ältere Herr – abgeklärt und mit einer erfolgreichen bürgerlichen Geschäftskarriere, dem keiner mehr etwas vormachen konnte. In seinem Haus lief nur das, was er wollte. Wer sich da reindrängen wollte, bekam Kloppe – von einem Mann, der unzählige Nahkämpfe ausgetragen hatte.

Hans Keusgen hatte die Technik der perfekten Anpassung nach außen hin entwickelt – Mimikry (Anpassung). Er war, militärisch ausgedrückt, im Gelände unsichtbar und konnte dabei nur überleben, wenn er sich *richtig* verteidigte – auch unfair. Er griff nicht an, war und blieb aber für den Rest seines Lebens „Konter-Boxer".

Wie sehr ihm das äußerliche Anpassen zur Natur geworden war, offenbart sich in seinem Verhalten, als er die Versorgungswagen der Luftwaffe gefunden hatte: Freiwillig in die US-Gefangenschaft – aber schnieke, in sauberer Hauptmanns(!)-Uniform (Selbstwertgefühl), und mit der Ausrede gegenüber seiner mitgefangenen Kameraden, daß in dem Moment keine andere Uniform greifbar war. Auch dort war Mimikry angesagt. Dann einen flotten Ami-Schlager auf den Lippen und Arm in Arm mit einem schwarzen(!) Sergeanten einer US-Luftlandedivision, der damals in der US-Army diffamierend als *Nigger* bezeichnet wurde. Und Keusgen war sofort wieder bei der Sache: Er zeichnete und malte, als wenn nichts gewesen wäre.

Wie sehr ihm Mimikry zur zweiten Natur geworden war, belegen die selbstgemalten Briefbögen an seine Eltern (siehe Seite 30). Sie wurden nicht in einer ruhigen Etappe angefertigt, sondern im Kampfgebiet. Seine Eltern lasen den Wehrmachtbericht dieses Tages in der Zeitung, aber ihr Sohn schrieb seinen Brief mit demselben Datum. Resümee: „Na, dann war's da ja wohl doch nicht so schlimm…"

Die Bar *Im Paradies* entstand am 30. Mai 1943, abends – nach einem schweren Kampfeinsatz bei Witebsk, bei dem seine beiden Kameraden (auf dem Foto Seite 26) am Vormittag gefallen waren. Er schrieb aber: „Wir haben augenblicklich schöne Musik…"

Daß Hans Keusgen nach dem Krieg nicht so sein wollte, wie die anderen im Wirtschaftswunderland, entsprach seinem Naturell. Wäre er an der Front so gewesen, wie die Anderen, die wie die Fliegen starben, hätte er den Krieg sicherlich ebenfalls nicht überlebt. Seiner familiären Umgebung war er, als er zurückgekehrt war, als außergewöhnlich ernst gewordener

Mann aufgefallen. In diesem sensiblen Mann wirkte der Krieg noch lange nach, weil er es als eine inhumane Zumutung betrachtete, zu derartigen Taten gezwungen worden zu sein, wie er sie im Krieg tagtäglich hatte begehen müssen, um selbst am Leben zu bleiben – obwohl er doch aus einer anständigen Familie stammte. Man muß sich seine schrecklichen Erlebnisse vor Augen führen, um die ungeheure Wut dieses enttäuschten Mannes verstehen zu können. Er hatte sich während des Krieges und durch den Verlust seines geliebten Bruders in diese Wut gesteigert und war damit allein geblieben – weil ihm niemand die paar Worte sagen konnte, die seine Wut gelindert hätten. Dabei waren sie schon längst geschrieben worden und Bestandteil der deutschen Literatur:

Goethe, *Maxime und Reflexionen*

1. *Behaupte, wo Du stehst.*

Hat Keusgen getan! Also…?

2. *Wer in seiner Zeit genug getan, der hat gelebt für alle Zeiten.*

Auch das hat er getan! Also…?

Hätte Hans Keusgen jemals diese Worte gehört, wären seine Erlebnisse zwar nicht beseitigt gewesen – wie bei keiner Psychanalyse – aber der Schmerz, sich für sich selbst schämen zu müssen, weil man aus einer anständigen Familie stammt, wäre verschwunden. Doch der kam immer wieder, wenn im November der erste Schnee fiel… Seine Frau, die ja selbst durch die Bombenangriffe traumatisiert war, wußte, wie er litt. Seine Tränen waren echte Trauer. Hans Keusgen erlitt persönlich existenziale Schwierigkeiten, als bei uns die Existenzialphilosophie durch Heidegger und Jaspers, bei den Franzosen nach dem Krieg durch Sartre, entdeckt wurde. Und niemand war da, der ihm helfen konnte. Sein Problem: Er war so tief und so oft enttäuscht worden, und zwar immer unter Lebensgefahr, daß er später außer seinem Sohn, seiner Frau und nur drei, vier guten Bekannten in seiner Umgebung niemandem mehr vertraute. Als diese Freunde dann weggestorben waren, vereinsamte er total und nahm Schlaftabletten. Er wählte nicht die Pistole, weil er nicht sicher war, ob dieser Weg der richtige war, und er überließ es dem Zufall, ob man ihn in seinen Geschäftsräumen finden würde.

Da die GI's der US Army im Vietnam-Krieg oft in Situationen gerieten, wie sie Hans Keusgen im Mittelabschnitt der Ostfront permanent erlebt hatte, nahmen sich die Psychiater dieser Angelegenheit an und fanden heraus, daß es sich bei den seelischen Störungen um ein eigenes Krankheitsbild handelte, das man heute *posttraumatisches Syndrom* nennt, das bei Soldaten und ins Kriegsgeschehen geratenen

Zivilisten auftreten kann (nicht *muß*). Es ist behandlungspflichtig wie ein Herzinfarkt oder ein Oberschenkelbruch und wird, genau wie eine Verwundung, je nach Ausmaß, berentet, wenn sich trotz Behandlung ein Dauerschaden einstellt.

Es war damals in den Wehrpflichtarmeen – und das waren praktisch alle, auch die englische – üblich, daß die psychischen Belastungen des Krieges von militärischen und zivilen Teilnehmern in „Eigenregie" verarbeitet werden mußten. Wer's schaffte, galt als normal, wer's nicht schaffte, fand unter seinesgleichen Verständnis, andere fanden „den" komisch, schwere Fälle begingen Selbstmord oder kamen in eine psychatrische Anstalt. Hans Keusgen verarbeitete seine Erlebnisse, indem er sie anläßlich der vielen berufsbedingten, langen Autotouren immer wieder seinem Sohn erzählte, indem er malte und sie niederschrieb. Heute würde man sagen, er unterzog sich selbst einer Gesprächsanalyse.

Hans Keusgen hatte in seinen zweieinhalb Jahren an der Ostfront als Scharfschütze mit Karabiner und MG vielleicht ebenso viele Leute umgelegt, wie es Hein Severloh in den neun Stunden während der Landung der Amerikaner am *Omaha Beach* vermocht hatte. Severloh schoß auf relativ weit entfernt herangefahrene Landungsboote, aus denen die GI's sprangen. Keusgen mußte sich immer wieder seine Umgebung freischießen, während rechts und links seine Kameraden fielen. Dann war er wieder einmal versprengt, weil sich der Rest der Einheit zurückgezogen hatte oder aufgerieben worden war.

Hans Keusgen war ein sensibler Mensch, und es war genau diese Sensibilität, die ihm das Gespür verlieh, das er brauchte, um an der Front überleben zu können. Durch diese Sensibilität war er aber auch in der Lage, Mitleid zu empfinden, zum Beispiel mit der verhungernden Katze. Bei dem verwundeten Pferd an der Malayja Pesotschna traute er sich nicht, es zu erschießen, und litt sein Leben lang darunter. Den Fehler wird er bei den anderen verwundeten Pferden, die er später fand, nicht mehr begangen haben. Und er war als Autor seiner Berichte taktvoll gegenüber dem Leser, gleichzeitig wahrte er sein Gesicht: Kamerad Wilhelm aus Feldwebel Schraders altem Sauhaufen, bat angesichts seines nahenden Todes um Hilfe, die Hans Keusgen ihm gewährte, aber so, wie es an der Front und mit den Russen im Rücken üblich war: War ein Offizier in der Nähe, wurde erst gefragt, war keiner da, sagte man, „Wilhelm, mach die Augen zu". Und dann drückte man ab. Daß ihm Keusgen in der „Geschichte" auf dem Rückmarsch eine seiner in dieser Situation besonders wertvollen Pistolen überließ, wird lediglich ein schriftstellerisches Stilmittel gewesen sein, ebenso wie die drei Punkte, mit der er seine Episode von der hungrigen Katze beendete, als er seinen Karabiner von der Schulter nahm... Und er war vorsichtig. Er war auf einen verwundeten Kommissar zugegangen und hatte gesehen, wie der seinen Revolver erhob, um ihn als vermeintlichen Dummkopf abzuknallen. Hans Keusgen schoß sein Magazin auf ihn leer, wie bei den beiden „Kettenhunden", die ihn beschuldigt hatten, das Scharfschützengewehr geklaut zu haben und ihn deshalb widerrechtlich umlegen wollten. Man stelle sich das Chaos vor: Ein versprengter Frontkämpfer muß zwei Feldgendarmen umlegen, um sein Leben zu retten! Und er war grausam bei den Partisanen, die seine Kameraden vom Spähtrupp mit Bajonetten durch die Augen an die Bäume genagelt hatten.

Die härteste und beste Episode, schon eine Kurzgeschichte, ist die Schilderung des Nahkampfs aus der Sicht eines Beteiligten, in der er eindrucksvoll beschreibt, daß man beim Töten nur noch eine Maschine ist. Wäre er es *nicht* gewesen, hätte er nicht überlebt. Er war ein Mann, der sich sagte, *ich behaupte mich, wo ich stehe.*

Hans Keusgen war so stabil, daß er durchhalten konnte. Der österreichische Lyriker Georg Trakl war 1915 nach einigen Monaten auf dem Hauptverbandplatz durchgedreht und hatte sich vergiftet. Und der war in all den vielen Kriegen durchaus nicht der Einzige, der den psychischen Belastungen nicht gewachsen war.

Im Jungvolk sang ich mit den Anderen einst: „Graue Kolonnen ziehen durch die Sonne, haben das Lachen verlernt..."

Ich fragte mich als 14-Jähriger, warum diese Soldaten nicht mehr lachen konnten... Meine Antwort mit 82:

Die Veteranen haben an der Front alle erlebt, was Hans Keusgen beschrieben hat, gleich welcher Nation.

Wir sollten uns die Erlebnisse des Hans Keusgen vor Augen führen, wenn wir einen Soldatenfriedhof besuchen – und uns darüber bewußt sein, daß hinter jedem Kreuz auch immer eine Mutter steht...

Das war's, was ich zu den grandiosen Aufzeichnungen des Hans Keusgen zu sagen hatte.

Anhang

Kräfteverhältnis der Landstreitkräfte im Mittelabschnitt der Ostfront:
Heeresgruppe Mitte: 1.350.000 Soldaten
Sowjetarmee: 1.580.000 Soldaten
Insgesamt wurden 18,2 Millionen deutsche Männer zur Wehrmacht eingezogen.

Heute geht man davon aus, daß im Zweiten Weltkrieg insgesamt mehr als 5 Millionen Soldaten aller Truppengattungen der Wehrmacht ihr Leben verloren haben, davon allein 1.419.728 an der gesamten Ostfront, und mehr als 1,5 Millionen gelten als vermißt. Von der Sowjetarmee fielen 11 Millionen Soldaten…

Insgesamt verloren 55 Millionen Menschen im Zweiten Weltkrieg ihr Leben. Die Anzahl der Kriegstraumatisierten ist unbekannt, und kaum jemand spricht darüber. Von den Millionen Verwundeter und Schwerverwundeter gibt es keine Statistiken – auch nicht von denen, deren Psyche gestört war und die somit ihre Zukunft verloren hatten.

Hannover, 20 Dezember 1943
Nordfeldstraße 24

Wir erhielten am 16. Dezember die unfaßbare Nachricht, daß unser herzensguter Sohn und treuer Bruder, mein innigstgeliebter Verlobter

Obersoldat Helmut Keusgen

in einem Gefecht am 21. November 1943 den Heldentod fand.

In tiefem Schmerz:
Konrad Keusgen u Frau Elise, geb Hagenacker; Hans Keusgen, z. Z. im Osten; Ilse Sarnes als Braut und alle Angehörigen.

Danksagungen

Für ihre freundliche Unterstützung meiner Arbeit an diesem Buch bedanke ich mich bei Frau Yvonne Fester, Deutsche Dienststelle / Wehrmachtauskunft, Berlin; Frau Martina Landmann, Ullstein Bilderdienst, Berlin; Frau Karin Clarissa Röhrs, H.E.K.Creativ Verlag, Garbsen; Frau Eva Stöwer, DRK Suchdienst / Verschollenenbildliste, München; Herrn Oberstleutnant Dieter Bechtold, Herrn Manfred Klöckner, Ullstein Bilderdienst / Berlin; Bundesarchiv / Koblenz, Monsieur Lucienne Tisserand, Deutsche Kriegsgräberstätte / La Cambe sowie den Herren Felix Bürger und Volker Gremler.

Ganz besonderer Dank für die intensive und komplexe Zusammenarbeit gebührt Herrn Dr. med. Bernhard Schöning, Facharzt für Anästhesieologie, Wiesenbach/Baden.

Helmut Konrad von Keusgen

Deutsche Soldatengräber in Russland; angelegt zu Weihnachten 1942. Wie lange sie erhalten blieben, ist unbekannt.

Quellenverzeichnis:

Das Deutsche Reich und der Zweite Weltkrieg
    Hrsg. Militärgeschichtliches Forschungsamt, 14 Bände,
    Freiburg / Potsdam
Deutsche Dienststelle, Berlin:
    Wehrmachtauskunftstelle
Deutsches Rotes Kreuz, München:
    Suchdienst – Divisionsschicksale –Verschollenenbildliste
Illustrierte Geschichte des Dritten Reiches
    Kurt Zentner, Südwest Verlag, München 1965
Kampfkraft – Militärische Organisation und Leistung der deutschen und amerikanischen Armee 1939 – 1945
    Martin van Creveld, ARES Verlag, Graz 2005
Kriegstagebuch des Oberkommandos der Wehrmacht 1943 / 1944
    Wehrmachtführungsstab, Bundesarchiv Freiburg
Volksbund Deutsche Kriegsgräberfürsorge e.V.
    Deutsche Kriegsgräberstätte La Cambe / Normandie

Bildnachweis

Bundesarchiv Koblenz: Titel (Paul, 146-1978-061-13) und Seite(n) 34/35 (R. Muck, 101I-3641-11), 45 (Freytag, 101I-347-1080-18), 47 (ohne Ang., 101I-083-3376-08), 50/51 (MPK-Aufnahme, von Persan, 183-B24415), 66/67 (o. Ang., 146-1971-107-40), 74 (H. Pirath, 101I-539-0399-30), 78/79 (Dinstühler, 101I-289-1091-26), 82/83 (R. Muck, 101I-004-3635-20A), 90/91 (Emskötter, 101I-274-0498-15), 98/99 (Koch 101I-087-3693-07A), 110/111 (Horster, 101I-022-2912-10A), 129 (Wehmeyer, 101I-273-0407-11), 143-1990-090-19.
Ullstein Bilderdienst, Berlin: Seite 61
Kollektion H. K. v. Keusgen: Seite 4, 5, 10, 13, 26, 28, 29, 30, 36, 37
Gemäldesammlung H. K. von Keusgen:
Gemälde des Hans Keusgen, 1945 – 1947: Seite 13 (*Marlene Dietrich*), 18 (*Heimat*), 103 (*Verbandplatz*), 107 (*Strafkompanie*), 114 (*Kettenhunde*), 116/117 (*Absetzbewegung*), 122 (*Schlacke*), 127 (*Doppelposten*)
Archiv v. Keusgen: Seite 55, 119, 138 und 139 (Bernhard Frerking)

Prosit Neujahr!

Unser Tross war wieder einmal nicht so schnell mitgekommen – eine saumäßige Organisation. Und nun sind wir – auch wieder einmal – nicht verproviantiert; was für ein wunderbares Jahresende. Schon zu Weihnachten hatte jeder von uns sechs Leuten nur vier armselige Scheiben Knäckebrot erhalten, ohne etwas dazu, allerdings auch ein winziges Fläschchen Zwetschgenschnaps. Das war alles. Frohe Weihnacht!

In der vorletzten Nacht dieses Jahres, waren wir hier angekommen, nachdem wir erst in einem Wald gelegen hatten, zwei Tage und zwei Nächte lang, davon viermal zwei Stunden auf Wache, bei mehr als zwanzig Grad Kälte. Das Jahr neigt sich dem Ende zu, so wie es begonnen hatte, aber ein derartiger Scheiß ist für uns ja nichts Neues.

Keiner von uns weiß, wo wir eigentlich sind und was unser Befehl hierher zu kommen, zu bedeuten hatte. Aber Befehle wurden ohnehin niemals begründet, und viel zu oft waren sie völlig unsinnig, geradezu idiotisch.

Wir hatten unsere Mühe, mit den armen Pferden und dem schweren Geschützschlitten durch den tiefverschneiten Wald zu kommen. Schließlich mußten wir den Schlitten ausspannen und drei Stunden lang die schwere Munition, die darauf gelegen hatte, selbst schleppen, nach dem wir zuvor beim Überspringen etlicher Granattrichter und eines schneeverwehten Grabens – in den wir dann doch gefallen sind – unsere Knochen bereits böse geschunden hatten. Wir glaubten, endlich etwas Ruhe zu finden, kein Stellungswechsel mehr. Doch anstatt Ruhe, wieder die ganze Nachtlang schwer geschleppt.

Als wir ankommen, ist es bereits dunkel geworden und alle restlos fertig. Als wir unseren Bunker entdecken, überkommt uns fast die Verzweiflung, denn da ist nur ein viereckiges, mit verschneiten Tannenstämmen abgedecktes Loch – kein Eingang, nur seitlich ein schmaler Einschlupf mit nichts davor, das etwas gegen die Kälte schützen könnte.

Da stehen wir nun in dem eiskalten Inneren von etwa zweieinhalb mal drei Metern und beleuchten mit einer Taschenlampe die nackten Lehmwände, an denen die Eiskristalle glitzern. Keine Wandverschalungen, kein Ofen, rein gar nichts in diesem dreckigen Loch, überhaupt nichts. Wir sind fassungslos. Und wozu hat man uns hierher geschickt?

Mauke, den wir wegen seiner riesen Füße so nennen, der schon den ganzen Tag über starke Ischiasbeschwerden geklagt hat, und der sich vor Schmerzen kaum noch auf seinen großen Füßen halten kann, ist den

Tränen nahe. Dann breiten wir unsere Zeltbahnen aus und hocken uns hin. Einer zündet ein kleines Talglicht an, dann verstopfen wir mit unseren Sturmgepäcken das Zugangsschlupfloch. Hier drinnen hätten wir für sie sowieso keinen Platz.

Da sitzen wir sechs Armseligen beim schwachen Schein des kleinen Talglichts in diesem verdammten Dreckloch irgendwo nahe Bobruisk und haben nichts zu essen und zu trinken. Wir müssen in einen Albtraum geraten sein… Selbst für eine Verzweiflung sind wir zu erschöpft.

Nun sucht jeder in seinem schlaffen Brotbeutel nach einem Knäkkebrotrest und ein paar Krümel Kommißbrotes. Wer noch einen kleinen Schluck kalten Kaffees in seiner Feldflasche hat, kann sich geradezu glücklich schätzen.

In zehn Minuten ist es Mitternacht – Silvester-Nacht. Da hat plötzlich der Gefreite Drewenstedt eine dieser Mini-Schnapsflaschen in der Hand. Er hatte sie sich von Weihnachten aufgespart. Er öffnet sie, nippt daran, und wortlos reicht er sie weiter, und sie geht von Mund zu Mund – für jeden nur einen winzig kleinen Schluck. Echter deutscher Zwetschgenschnaps. Was für ein himmlischer Geschmack, und wie angenehm dieses winzige Bißchen durch den Körper geht… Das ist eine echte Überraschung, eine kleine Kostbarkeit, die uns wie unsere Rettung erscheint, in diesem schrecklichen Augenblick. Da sagt jemand leise: „Prosit Neujahr!"

Und alle nicken stumm. In diesem Moment erlischt unser Talglicht.

Völlig ermattet und resigniert legen wir uns in der Enge des Lochs auf die eiskalten Zeltbahnen, ziehen unsere Pelzmützen noch tiefer über die Ohren und unsere Decken über uns. Wir sechs Mann legen uns auf die Seite, ganz dicht nebeneinander. Umdrehen kann darf und kann sich allerdings keiner. Trotz der grausamen Kälte schlafen wir sofort ein.

Wie lange wir geschlafen haben, wissen wir nicht, als plötzlich eine Seitenwand des Lochs einbricht und uns von den Füßen bis über die Knie verschüttet. Auch ein paar der Holzstämme sind mit 'runtergekommen, haben aber niemanden verletzt. Wir sind sofort hellwach. Vorsicht vor Verschüttung! Schnell raus, bevor noch mehr einbricht! Mit hundert Flüchen auf den Lippen, buddeln wir uns, so schnell wir können, mit den bloßen Händen aus dem eiskalten Dreck. Draußen ist es schon hell, und es sieht so aus, als wenn es ein schöner Wintertag werden könnte – ein weiterer Wintertag in einem weiteren Jahr in einem noch weiter anhaltenden, höllischen, menschenunwürdigen Krieg…

Ihre Zufriedenheit ist unser Ziel!

Liebe Leser, liebe Leserinnen,

hat Ihnen unser Buch gefallen? Haben Sie Anmerkungen für uns? Kritik? Bitte zögern Sie nicht, uns zu schreiben. Wir werden jede Nachricht persönlich lesen und beantworten.

Schreiben Sie uns: info@ek2-publishing.com

Wussten Sie schon, dass Sie uns dabei unterstützen können, deutsche Militärliteratur sichtbarer zu machen? Bitte nehmen Sie sich einen Moment Zeit und bewerten Sie dieses Buch auf Amazon. Viele positive Rezensionen führen dazu, dass das Buch mehr Menschen angezeigt wird.

Sie können somit mit wenigen Minuten Zeitaufwand unserem kleinen Familienunternehmen einen großen Gefallen tun. Vielen Dank für Ihre Unterstützung!

Impressum

Eine Veröffentlichung von EK-2 Publishing GmbH

Friedensstraße 12
47228 Duisburg
Registergericht: Duisburg
Handelsregisternummer: HRB 30321
Geschäftsführerin:
Monika Münstermann

E-Mail: info@ek2-publishing.com
Website: www.ek2-publishing.com

Text, Karten und Titelfoto: Helmut Konrad von Keusgen
Buchsatz: Veronika Aretz

Originalauflage 20012, H.E.K.Creativ Verlag, Garbsen
weitere Auflagen in 2013 und 2018. Umgestaltete Neuauflage von EK-2-Publishing GmbH, September 2023.

Verpassen Sie keine Neuerscheinung mehr!

Tragen Sie sich in den Newsletter von *EK-2 Militär* ein, um über aktuelle Angebote und Neuerscheinungen informiert zu werden und an exklusiven Leser-Aktionen teilzunehmen.

Jetzt QR-Code scannen und in den Newsletter eintragen!

Link zum Newsletter: https://ek2-publishing.aweb.page

Über unsere Homepage: www.ek2-publishing.com
Klick auf *Newsletter* rechts oben

Via Google-Suche: EK-2 Verlag

Jetzt weitere spannende Soldaten-Biografien entdecken!

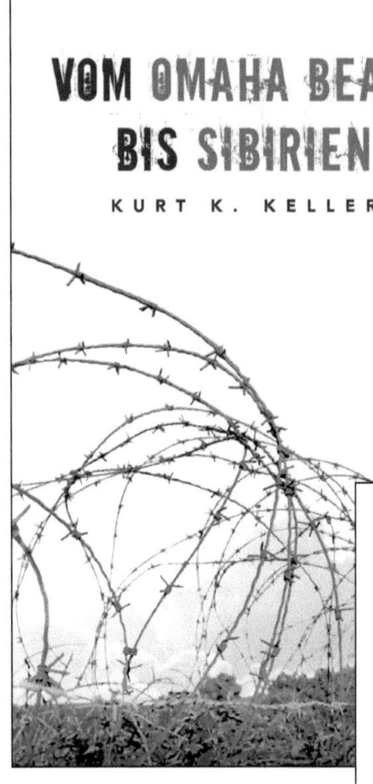

Link: https://bit.ly/3qNPgei